Gestão da Educação em Instituição Escolar Militar

ZÍPORA GOMES DE BARBOSA

Gestão da Educação em Instituição Escolar Militar

Estudo de caso no Colégio Tiradentes - BH

Novas Edições Acadêmicas

Publisher:
Novas Edições Acadêmicas
is a trademark of
International Book Market Service Ltd., member of OmniScriptum Publishing Group
17 Meldrum Street, Beau Bassin 71504, Mauritius

Printed at: see last page
ISBN: 978-620-0-80194-4

Zípora Gomes de Abreu Barbosa

GESTÃO DA EDUCAÇÃO EM INSTITUIÇÃO ESCOLAR MILITAR:
Estudo de caso no Colégio Tiradentes - BH

Belo Horizonte
2013

Dedico este trabalho a todos que me incentivaram e acreditaram em mim e, em especial ao professor-orientador Lúcio Alves de Barros pela colaboração, paciência e empenho dedicado a este trabalho.

AGRADECIMENTOS

Agradeço a Deus, minha fonte e inspiração. Ao meu esposo Flávio Kenedy e minha filha Ana Izabel pela compreensão das minhas ausências enquanto me dedicava a este trabalho.

"Democracia é oportunizar a todos o mesmo ponto de partida. Quanto ao ponto de chegada, depende de cada um." (Fernando Sabino)

LISTA DE FIGURAS

LISTA DE QUADROS

LISTA DE TABELAS

LISTA DE SIGLAS E ABREVIATURAS

AFAS	Associação Feminina de Assistência Social
CF	Constituição Federal
CTPM	Colégio Tiradentes da Polícia Militar
DE	Diretoria de Ensino
DEEAS	Diretoria de Educação e Assistência Social
DI	Departamento de Instrução
DPS	Diretoria de Promoção Social
DRH	Diretoria de Recursos Humanos
FNDE	Fundo Nacional de Desenvolvimento da Educação
IPSM	Instituto da Previdência dos Servidores Militares
LDB	Lei de Diretrizes e Bases
MEC	Ministério da Educação e Cultura
ONU	Organização das Nações Unidas
PAAD	Plano Anual de Ações da Direção
PDDE	Programa Dinheiro Direto na Escola
PDE	Plano de Desenvolvimento Escolar
PM	Polícia Militar
PMMG	Polícia Militar do Estado de Minas Gerais
PNAE	Programa Nacional de Alimentação Escolar
PNLD	Programa Nacional do Livro Didático
PNLDEM	Programa Nacional do Livro Didático do Ensino Médio
PPP	Projeto Político Pedagógico
RMBH	Região Metropolitana de Belo Horizonte

SEE	Secretaria de Estado da Educação
SIEE	Sistema Informatizado de Educação Escolar
SIMAVE	Sistema Mineiro de Avaliação Escolar

RESUMO

A dissertação que se apresenta teve como objetivo geral analisar a gestão de uma instituição escolar que tem perfil, função e símbolos militares, identificando aspectos que se relacionam ao Principio Constitucional da Gestão Democrática. Foi tomado como unidade de estudo o Colégio Tiradentes da Polícia Militar de Minas Gerais. O estudo despertou interesse diante da tradição militar dessas instituições em ser uma escola marcada pela burocracia e rigidez na sua organização estrutural e funcional. Contudo, diante das mudanças no sistema educacional e a necessidade de democratizar a gestão escolar, muitas mudanças e adaptações também nessas instituições militares podem ser identificadas. Foram descritas a estrutura organizacional e o sistema educacional do CTPM. Além disso, colheu-se informações com membros do corpo administrativo da escola e os resultados mostram que mesmo havendo muitos avanços na democratização da gestão escolar no CTPM a resistência da PMMG no que se refere à autonomia e delegação de poder e ainda a presença de muita burocracia são fatores que vêm dificultando a efetivação da gestão democrática. Conclui-se então que nas escolas militares brasileiras e em especial nos Colégios Tiradentes a efetivação da gestão democrática necessita superar principalmente a burocracia e a pedagogia tradicional ainda bastante presente na elaboração do PPP dessas escolas e principalmente modificar a estrutura hierárquica interna, valorizando a participação de professores, alunos e da comunidade em geral não apenas na elaboração do PPP, mas em ações de interesse onde o objetivo maior é proporcionar crescimento, aprendizado e desenvolvimento social aos alunos dessas unidades.

Palavras-Chave: Democracia. Gestão. Educação, Colégio Tiradentes

ABSTRACT

The dissertation shows that aimed to analyze the management of an educational institution that has profile, function and military symbols, identifying aspects that relate to the Constitutional Principle of Democratic Management. It was taken as the unit of study Tiradentes College of Military Police of Minas Gerais. The study sparked interest before the military tradition of these institutions in being a school marked by bureaucracy and rigidity in its structural and functional organization. However, given the changes in the educational system and the need to democratize the school management, too many changes and adaptations in these military institutions can be identified. We described the organizational structure and educational system CTPM. In addition, information was collected with members of the governing body of the school and the results show that even though there have been many advances in the democratization of school management in CTPM resistance PMMG with regard to autonomy and delegation of power and also the presence of many bureaucracy are factors that have hindered the realization of democratic management. It follows then that the Brazilian military schools and colleges Tiradentes especially in the realization of democratic management needs to overcome bureaucracy and mainly traditional pedagogy still very present in the preparation of these PPP schools and mainly modify the internal hierarchical structure, enhancing the participation of teachers , students and the community at large not only in the preparation of PPP, but interest in shares where the main objective is to provide growth, learning and social development of these units students.

Keywords: Democracy. Management. Education, College Tiradentes

SUMÁRIO

1 INTRODUÇÃO

O estudo proposto tem como tema central a gestão democrática no setor educacional. De maneira delimitada foi investigado o ambiente das escolas militares, tomando como base o estudo de caso no Colégio Tiradentes da Polícia Militar, unidade de Santa Tereza em Belo Horizonte.

O estudo em questão é relevante para que seja possível compreender as diferenças e semelhanças entre o modelo de gestão adotado nessas instituições e as diretrizes e propostas da gestão democrática educacional, contidas na Constituição Federal e na Lei de Diretrizes e Bases.

O estudo se divide em cinco capítulos complementares onde inicialmente foi apresentada uma contextualização do tema, identificando devidamente os objetivos pretendidos através do desenvolvimento da dissertação assim como as justificativas para a escolha do tema.

Na segunda parte foi apresentado um referencial teórico onde foi realizado um levantamento histórico sobre a evolução do sistema educacional brasileiro, traçados os conceitos e características da gestão democrática no setor escolar e ainda apresentadas considerações sobre o tema nas escolas militares do Brasil.

Na terceira parte da dissertação apresentou-se a metodologia de pesquisa com o detalhamento dos métodos e técnicas utilizados para a coleta e análise dos resultados, bem como a identificação dos sujeitos da pesquisa.

Na quarta parte foram apresentados os resultados específicos com o desenvolvimento da pesquisa. Foram detalhados os aspectos organizacionais do CTPM e apresentados e analisados os resultados da entrevista realizada com os sujeitos participantes.

Finalmente na quinta parte a aluna apresentou suas considerações finais, demonstrando que os objetivos pretendidos foram atingidos, analisando o trabalho como um todo e sugerindo estudos futuros.

1.1Contextualização do tema

Atualmente o sistema de ensino brasileiro passa por grandes e profundas transformações com o objetivo de possibilitar à sociedade maior acesso à educação, melhorias da qualidade no ensino e o desenvolvimento da cidadania.

A título de exemplo, pode-se citar que o período da década de 1960, mais precisamente na ditadura (1964-1985), foi marcado por muitas opressões e mudanças nos padrões de ensino, devido à ideologia dos militares. Nesse cenário, qualquer pensamento contrário ao Estado era combatido de forma dura e implacável.

Mas, a partir do final da década de 1970 e início do decênio de 1980, verificou-se a necessidade de uma estruturação nos modelos de gestão no setor escolar fazendo surgir a chamada "gestão democrática" uma conseqüência do processo de luta pela redemocratização do país, que culminou, em 1985, com a transição do regime militar para o regime civil.

Segundo Cury (2002) este é um movimento recente de renovação educacional no Brasil, em contraposição à concepção centralizadora e burocrática até então existente. Entre as conseqüências desse movimento, destacam-se a implantação dos conselhos ou colegiados escolares, a eleição direta de diretores, a elaboração do Projeto Pedagógico, a existência de agremiações, assembléias, reuniões coletivas de trabalho, entre outros.

A década de 1980 foi um período de abertura política, com conquistas democráticas para a sociedade brasileira. A Constituição Federal de 1988 refletiu a pressão da sociedade civil, que reivindicava um país democrático. A Carta Magna incorporou a gestão democrática do ensino público, no inciso VI do artigo 206, define a sua gratuidade em todos os níveis de ensino e a colocou como um dever do Estado e da família, reafirmando assim o caráter público da educação.

Cury (2002) salienta que ao estabelecer a gestão democrática como um princípio, a Carta Magna institucionalizou práticas já existentes de muitos sistemas de ensino público. Segundo Tiezzi (2002, p. 11):

> O arcabouço legal vigente no Brasil referente ao setor educacional determina, entre outros aspectos, a introdução de um modelo descentralizado da oferta do ensino básico respeitando-se as características da clientela atendida e da comunidade onde cada escola está inserida. Sendo assim, cabe à equipe de gestores da unidade (e não apenas ao seu redor) o poder decisório sobre o planejamento e a condição das ações a serem realizadas naquela unidade ao longo do ano letivo.

De acordo com a legislação referente ao setor educacional, vigente no país a partir do final dos anos 1980 e início dos anos 1990, e com os estudos e diagnósticos de pesquisa cujo foco são os novos paradigmas do sistema educacional brasileiro, o papel dos gestores escolares, além da responsabilidade sobre o desempenho e sobre rendimento final dos alunos, passa a ser também o de administrar os recursos humanos, materiais e financeiros (CURY, 2008).

Luck (2000) destaca que o princípio da gestão democrática foi incorporado nas Constituições Estaduais e nas Leis Orgânicas dos municípios e foi regulamentado, em parte, no artigo 14 da LDB 9394/96, a qual determina que os sistemas de ensino definirão as normas da gestão democrática do ensino público na educação básica, de acordo com as suas particularidades e conforme os seguintes princípios: (1) participação dos profissionais da educação na elaboração do projeto político pedagógico da escola; (2) participação da comunidade escolar e local em conselhos escolares ou equivalentes.

Diante desse contexto, o que se objetivou com este trabalho é um estudo sobre o modelo adotado na gestão de uma escola militar que promove o Ensino Fundamental e Médio. De maneira específica foi pesquisado o impacto da gestão democrática em uma instituição militar tendo como base o Colégio Tiradentes da Polícia Militar de Minas Gerais CTPM - BH.

1.1.1 Problematização

Diante do contexto apresentado, o principal problema de pesquisa é compreender **em que medida a gestão escolar de uma instituição militar tem perfil e aspectos que identificam o princípio constitucional da gestão democrática?**

De forma complementar pretendeu-se também responder à seguinte questão: quais os impactos da adoção do modelo democrático sobre a gestão de uma escola militar?

1.2 Objetivos

1.2.1 Objetivo geral

Analisar a gestão de uma instituição escolar que tem perfil, função e símbolos militares, identificando aspectos que se relacionam ao Principio Constitucional da Gestão Democrática.

1.2.2 Objetivos específicos

- Descrever o modelo de gestão atual do sistema educacional da organização;
- Apresentar a estrutura organizacional da instituição estudada;
- Identificar as ações implantadas a partir da adoção da "gestão democrática";
- Identificar e analisar semelhanças e diferenças entre o modelo de gestão e regimento interno do Colégio Tiradentes de BH e o Princípio Constitucional da Gestão Democrática.

1.3 Justificativa

De acordo com Abi-Duhou (2002) as mudanças vividas na atualidade em nível mundial, em termos econômicos, sociais e culturais, com a transnacionalização da economia e o intercâmbio quase imediato de conhecimentos e padrões sociais e culturais, através das novas tecnologias da comunicação, entre outros fatores, têm provocado uma nova atuação dos Estados nacionais na organização das políticas públicas, por meio de um movimento de repasse de poderes e responsabilidades dos governos centrais para as comunidades locais. Na educação, um efeito destas mudanças são os processos de descentralização da gestão escolar, hoje percebidos como uma das mais importantes tendências das reformas educacionais em nível mundial.

De maneira geral considera-se que a gestão é um instrumento que nas últimas décadas tem se tornado relevante para fazer frente aos constantes desafios que se impõem à sociedade devido ao contínuo processo de transformação decorrente do cenário econômico, tecnológico, político e social (DELLAGNELO; SILVA, 2000).

O interesse pelo tema surgiu inicialmente através da experiência profissional da própria aluna e pesquisadora que, atualmente, faz parte do quadro de professores de uma escola militar em Belo Horizonte. Desse modo, há uma experiência profissional e pessoal em aprofundar conhecimentos no assunto referente aos modelos de gestão adotados na escola.

Ao mesmo tempo, antes do início do presente mestrado, a pesquisadora realizou outros cursos de capacitação na área pedagógica o que lhe permitiu obter conhecimentos específicos sobre a "gestão democrática" e sua importância para o processo ensino/aprendizagem. Segundo Luck (2000, p. 01):

> A gestão escolar constitui uma dimensão importantíssima da educação, uma vez que, por meio dela, observa-se a escola e os problemas educacionais globalmente, e se busca abranger, pela visão estratégica e de conjunto, bem como pelas áreas interligadas, tal como uma rede, os problemas que, de fato, funcionam de modo interdependente.

Observando as palavras da autora mencionada, verifica-se que nesse cenário a atuação de um gestor competente e capacitado são primordiais, pois é através desse profissional que programas, projetos e ações estratégicas são propostas e estas são fundamentais para que as escolas acompanhem as necessidades dos alunos e da comunidade onde estão inseridas.

> Gestores, no caso da educação, são todos aqueles que têm responsabilidade sobre a evolução do processo de escolarização e da oferta do ensino. Nesse sentido, dependem de informações confiáveis e atualizadas do sistema, para poderem cumprir satisfatoriamente as atribuições legais dos cargos que ocupam e traçarem as diretrizes necessárias para a correção dos rumos (TIEZZI, 2002, p. 10).

A Polícia Militar de Minas Gerais (PMMG) se insere nesse contexto educacional, uma vez que possui um sistema próprio de ensino regular. O sistema de educação da PMMG, o qual oferece os níveis de ensino fundamental e médio da educação básico, tem como finalidade atender, prioritariamente, aos dependentes legais de militares. Sendo assim, não poderia deixar de estar atenta aos princípios estabelecidos pela legislação, ao formular as diretrizes para a oferta do ensino em suas escolas.

Assim, o trabalho em questão permitiu aprofundar conhecimentos sobre a "gestão democrática", e perceber as atuais mudanças no sistema educacional e pesquisar na prática a implantação desse modelo em uma escola militar. Tais questões também tornaram possível analisar aspectos relacionados à estrutura organizacional, liderança e estratégias de gestão. Assuntos de interesse especifico para futuros mestres em administração profissional.

Na visão de Dourado (2007) a "gestão democrática" no setor escolar é a administração que proporciona a participação de todos que fazem parte do processo de ensino-aprendizagem. Além disso, compreende o trabalho em equipe onde se leva em consideração a maioria das opiniões, sendo um processo que procura em uma ação conjunta de esforços a realização de um objetivo comum, com o comprometimento de cada um de seus segmentos na busca de ações efetivas, alcançar os reais objetivos da educação.

A respeito da atuação do gestor no sistema educacional consideram Begot e Nascimento (2002) que este precisa estar bem preocupado profissionalmente, consciente que o exercício de sua profissão esteja pautado no plano político pedagógico da escola ao qual esteja à frente.

Por outro lado, a estrutura organizacional de uma escola militar possui características e regras especificas o que pode dificultar a implantações de ações voltadas para a gestão democrática e essas impactam diretamente não só o processo ensino/aprendizagem, mas o trabalho do corpo docente de uma maneira geral.

Com base no exposto, o desenvolvimento prático desse trabalho é uma oportunidade de analisar as dificuldades, barreiras e desafios em uma gestão democrática, constituindo também uma oportunidade de avaliar o papel do gestor no desenvolvimento de ações e estratégias para tornar possível essa possibilidade.

2 REFERENCIAL TEÓRICO

2.1 O Ensino no Brasil: uma breve história

Desde os primeiros anos da época colonial, mais especificamente com a chegada dos padres jesuítas, o ensino no Brasil começou a se desenvolver. Os padres disseminaram rapidamente o ensino, construindo colégios e conventos, estendendo a educação aos que vieram de Portugal e aos índios (ARANHA, 1996).

Destaca-se que por quase dois séculos, os jesuítas foram os únicos educadores no Brasil (ARANHA, 1996). Nas escolas elementares, base do sistema colonial de educação, que funcionavam onde existia um convento, os índios aprendiam a ler, escrever, contar e a falar o português. Nelas também eram instruídos os filhos dos colonos. "Os jesuítas serviam-se das crianças brancas para influir junto aos filhos dos índios, e utilizavam estes últimos para atingir os selvagens adultos" (ARANHA, 1996, p. 23).

Importante considerar que nesse período, o colonial, a educação no Brasil possuía um caráter extremamente autoritário. Os índios eram educados para que sua cultura fosse exterminada e "aprendessem" a conviver e servir os colonizadores. Por outro lado, os filhos dos colonizadores eram educados para dominar territórios e colonizar o país (ARANHA, 1996).

Segundo Delors (2001, p. 15), com a proclamação da independência e a fundação do império em 1822, "novas idéias pedagógicas surgiram. Falava-se em educação popular devido à influência da Revolução Francesa e discutia-se o assunto na assembléia constituinte". Uma lei de 1822 estabelecia que "se criassem escolas primárias em todas as cidades, vilas e povoados, e escolas secundárias nas cidades e vilas mais populosas" (DELORS, 2001, p. 17). Entretanto, a lei não foi muito eficiente na prática, pois o governo se mostrou incapaz de organizar uma educação verdadeiramente popular. Destaca-se que o regime escravista da época, em que o trabalho manual era considerado desonroso, desprezava o ensino técnico e descuidava-se da instrução popular, dando grande ênfase à educação literária e retórica das elites (ARANHA, 1996).

Na tentativa de melhorar a situação, criaram-se as primeiras escolas normais para a formação de professores em 1835, mas todas rudimentarmente organizadas e desprovidas de professores capacitados (ARANHA, 1996).

Um dado que merece destaque e citado por Veiga (2005, p. 48) era que o país contava com cerca de "nove milhões de habitantes e os alunos representavam apenas 2% dessa população". Em 1878, "havia 5.661 escolas primárias com 175.714 alunos" o ensino primário era deficiente, com um corpo docente em geral leigo ou mal preparado. Veiga (2005) destaca ainda que logo após a Proclamação da República a Constituição Republicana de 24 de fevereiro de 1891, transferiu a instrução primária aos estados, aos quais ficou assegurada a organização do ensino em geral, reafirmando o processo de descentralização do ensino. "Com isso é reforçado o viés elitista continuando a educação elementar a receber menor atenção" (VEIGA, 2005, p. 49).

Em 1891, Benjamin Constant, Ministro da Instrução, dos Correios e Telégrafos, baseado nas idéias positivistas, elaborou uma reforma de ensino, que propunha reorganizar completamente todo o sistema escolar. Estabeleceu-se então a laicidade do ensino público. Neste período, foi confirmada a gratuidade do ensino primário e determinou-se sua obrigatoriedade, que não podia na época, dentre outras coisas, concretizar-se, seja por falta de escolas, seja pelas condições de vida de grande parte das crianças em idade escolar. De qualquer forma só havia preocupação com o ensino urbano, relegando-se ao esquecimento o ensino rural.

Veiga (2005) destaca que o interesse do governo federal, só apareceu quando se deu conta da situação revelada pelas estatísticas escolares, referentes à escola primária. O relatório de 1922, incluído na Conferência Interestadual do Ensino Primário, mostra que a matrícula, nas escolas primárias de todo país era de 1.030.752 alunos enquanto a freqüência era de 678.684 representando apenas 29% da população escolar. "Podemos dizer então, que na década de 20 o índice de analfabetismo atingia a cifra de 80%" (VEIGA, 2005, p. 50).

Na década de 1930 iniciou-se o processo de industrialização brasileira, fruto da crise agrária que vivia o país e da crise da economia mundial. Esta crise afetou o equilíbrio estrutural dos fatores que influenciavam o sistema educacional. Dela decorreu a necessidade de recursos humanos para ocupar funções em setores secundários e terciários da economia, "o modelo econômico passa então, a fazer solicitações à escola" (ROMANELLI, 1989, p. 46).

Neste cenário, Aranha (1996) destaca que de 1930 a 1940 dá-se um desenvolvimento do ensino primário e secundário que jamais se registrara até então no país. De 1936 a 1951 as escolas primárias dobraram e as secundárias quase quadruplicam em número, ainda que tal desenvolvimento não fosse homogêneo, tendo se concentrado nas regiões urbanas dos estados mais desenvolvidos.

A reforma do ensino primário só foi regulamentada por lei após o Estado Novo, em 1946, o qual instituiu diversas novidades. A criação do ensino supletivo de 2 anos, por exemplo, foi importante para a diminuição do analfabetismo, atendendo aos adolescentes e adultos que não tinham recebido escolarização (ARANHA, 1995).

Nesse contexto, as lutas por reformas do ensino ganharam força através de realizações de Conferências Nacionais de Educação, que culminaram no Manifesto dos Pioneiros da Educação Nova. A proposta dos educadores para a nova educação teve como norte dois planos: o político, que propunha a institucionalização da escola única, pública, gratuita, obrigatória e laica; e o plano pedagógico que exaltava o escolanovismo americano, com base em ideais de John Dewey (GOULART, 2009).

Segundo Machado (2012, p. 26)

> O foco da proposta da Escola Nova está nos aspectos essencialmente técnicos e que o seu reflexo no Brasil se dá e, principalmente, nas reformas Estaduais, quando há a introdução de princípios técnicos e pedagógicos visando garantir a qualidade do ensino. Nesse período ocorre a profissionalização do magistério e surge a figura do diretor de escola para gerenciar as ações executadas pelos docentes.

Nas décadas de 1950 a 1970, embora crescessem a cada dia os debates sobre os problemas educacionais no Brasil pouco foi feito para reverter a situação, mas destaca-se que em 1961 o primeiro Projeto de Lei de Diretrizes e Bases da

Educação foi finalmente aprovado. Veiga (2005) avalia que nessa época, o ensino primário cresceu em termos de matrícula e de pessoal docente. O número de professores normalistas também cresceu, a matrícula do ensino médio aumentou mais do que o dobro.

Com a ditadura militar de 1964 a 1985, a educação, que já era considerada como autoritária, passou a ser exageradamente autoritária, visto que com as novas Leis e Atos Institucionais, o Governo Militar passou a controlar até o conteúdo do que era ensinado nas escolas.

Importante destacar que nessa época os professores foram exaustivamente perseguidos pelos militares sob a suspeita de disseminarem idéias revolucionárias e comunistas na cabeça de jovens. Veiga (2005) descreve que muitos foram demitidos, perseguidos, presos, torturados ou exilados, marcando a forma autoritária com que a educação foi tratada no país daquela época.

Continuando uma análise sobre a evolução do sistema educacional brasileiro Aranha (1996) descreve que a partir de meados da década de 1970 e com as possibilidades de retomada da democracia, abriu-se espaço para modificações estruturais e didáticas no sistema de ensino.

Machado (2012) descreve que a Constituição Federal de 1988 marcou a transição democrática e a nacionalização dos direitos humanos no país e efetivou a condição de um Estado democrático de direito, destinado a assegurar o exercício dos direitos sociais e individuais, a segurança, a liberdade, a formação de uma sociedade fraterna, sem preconceitos, fundada na harmonia social, que valorize a dignidade da pessoa humana e sua condição de cidadania. A Declaração dos Direitos Sociais está fundamentada no artigo 6º da Constituição, que destaca, com primazia, o direito à educação (BRASIL, 1988).

Ainda destacando a evolução histórica do ensino brasileiro e os mais relevantes marcos legislativos, destaca-se a Lei de Diretrizes e Bases da Educação Nacional, Lei nº 9.394/96, de 20 de dezembro de 1996. Luck (2009) considera esta como a maior expressão de lutas entre as diferentes forças da sociedade civil, sendo até os dias de hoje o marco organizador e balizador para as políticas públicas educacionais no país e, por conseguinte, para as políticas de democratização e de gestão das escolas públicas (BRASIL, 1996).

Finalmente desejando de fato fazer valer os Princípios Constitucionais da Gestão Democrática, em 2001 foi aprovado o Plano Nacional de Educação através da Lei nº 10.172, de 9 de janeiro de 2001. Oliveira et al. (2004) relatam que o citado plano foi elaborado segundo a vontade popular e traça metas para a Educação no Brasil com prazo estipulado de dez anos para que sejam cumpridas.

Conforme afirma Oliveira *et al.* (2004, p. 22), o Plano Nacional de Educação "determina, como pilar da gestão democrática, a autonomia escolar, por intermédio da descentralização do financiamento da educação e administração e controle dos recursos financeiros." A descentralização exige corresponsabilidade dos diferentes níveis administrativos, união, estados e municípios, demanda um regime de colaboração entre fóruns nacionais e locais de planejamento e conselhos em diferentes níveis, além da participação da comunidade e da família em decisões relacionadas à escola (OLIVEIRA *et al.*, 2004).

2.2 Democracia e Estado Democrático

De acordo com Ferraz Júnior (1985), a democracia é o governo do próprio povo. Sabe-se que o mesmo, por não ter condições de exercer o governo diretamente, utiliza-se da democracia indireta. A democracia indireta é aquela em que os participantes do grupo social votam diretamente as leis que os governam. Em tese, pelo menos em comunidades pequenas, pode-se, eventualmente, suprimir a mediação, não precisando de representantes. Diz-se que Rousseau, como bom suíço, quando pensava na chamada democracia direta, pensava na sua Genebra, em um núcleo comunitário pequeno, onde os cidadãos iam à praça e votavam diretamente conforme seus interesses.

> É evidente que a própria experiência do século XIX mostrou inviabilidade da democracia direta. Os Estados modernos entraram pelo caminho da representação, com todos os problemas que isso gerou. Ultimamente, agora nesse final de século XX, apenas como curiosidade, a idéia da democracia direta tem reaparecido, ainda como uma utopia, é verdade, graças ao desenvolvimento da informática (FERRAZ JÚNIOR, 1985, p.21).

Contudo, o exercício direto da democracia não se mostra como a principal forma de participação nos dias atuais. Hoje, a Democracia representativa alcançou patamar prioritário. Nogueira (1999, p.105) ensina que o modo mais importante, "característico e essencial do Estado democrático, em que o povo influi na atividade do governo, é o que encontramos nos órgãos representativos (democracia indireta)", onde, certos membros do governo são eleitos pelo próprio povo e permanecem no cargo por breve período de tempo. "Com esse sistema é assegurada a presença, no governo, de pessoas que gozam da confiança popular e que seguem as tendências políticas prevalecentes no povo, em certos momentos" (NOGUEIRA, 1999, p. 105).

Salvetti Netto (1981) menciona que foi a partir da Revolução Francesa que se desenvolveu originalmente a idéia de um Estado democrático. Desde então, muito se polemizou sobre o tema que até hoje não deixa de suscitar acirradas controvérsias. A democracia representativa, no seu contexto histórico (...) é fruto das idéias de *Sieyès*, preclaro teórico da primeira fase da Revolução Francesa, quando afirmou: "O povo não pode ter mais que uma voz: a da legislação nacional". Ora, a nação como entidade inorgânica só se pode fazer ouvir por seus representantes. Por isso,

> O postulado da soberania nacional identifica-se com o regime representativo, enquanto o primado da soberania popular se mostra conforme à democracia direta, como entendia Rousseau, que enxergava em cada indivíduo uma porção fracionada do poder político (SALVETTI NETTO, 1981, p.96).

Ao apresentar o conceito clássico de Estado, em que estão presentes seus três elementos constitutivos, poder político, povo e território, Mello (2001, p. 121) afirma que:

> Estado, no sentido do Direito Público, segundo conceito dado pelos juristas, é o agrupamento de indivíduos, estabelecidos ou fixados em um território determinado e submetidos à autoridade de um poder público soberano, que lhes dá autoridade orgânica. É a expressão jurídica mais perfeita da

sociedade, mostrando-se também a organização política de uma nação, ou de um povo.

Historicamente, conforme Bastos (1995), constatou-se que embora por razões diferentes, tanto nos Impérios asiáticos quanto nas cidades-estados gregas e entre os próprios romanos não se conheceu a representação autêntica. Foi só na Idade Média que surgiram as primeiras manifestações do que viria mais tarde a ser um sistema representativo. O referido autor menciona que nesse processo, a Inglaterra representou um importante papel, por ter tido uma função precursora na implantação do regime representativo, sendo que a partir de 1066, passou a apresentar uma organização político-social muito diferente do restante da Europa.

Na Europa, o poder real foi gradativamente impondo-se sobre o poder da nobreza, vencendo-a em lutas ou atraindo-a mediante aparentes concessões. Isto não se deu na Inglaterra, onde a nobreza preferiu aliar-se aos comerciantes numa luta em busca de limitações das atribuições do poder régio.

> (...) A Inglaterra, depois da conquista normanda, começou por uma monarquia quase absoluta, e talvez por isso, teve no século XVII, uma monarquia representativa. A França feudal começou com uma realeza quase inteiramente impotente, e é provavelmente por isto que acabou, no século XVII, em uma monarquia absoluta (BASTOS, 1995, p.53).

Cabe aqui, apenas a titulo de ilustração, citar que a era absolutista durou na Inglaterra até meados do século XVII, na França até 1789 e em outros países europeus até o século XIX, por vários motivos.

Nos primórdios, o Estado era totalitário, por isso a Administração Pública possuía ação direcionada para o atendimento dos interesses governamentais, em detrimento do interesse público. Segundo ensina Di Pietro (2003), a partir da 2ª metade do século XIX, começa uma imensa transformação da Administração Pública, que se acentuaria mais especificamente depois da 2ª Guerra Mundial.

Segundo o que ensina a autora, é possível que o fator chave para essa transformação tenha sido a passagem do Estado Monoclassista para o Estado Pluriclassista, já que o maior objetivo era satisfazer as necessidades crescentes de desenvolvimento econômico e social.

Mileski (2006) ensina que a Administração Pública é o meio pelo qual o Estado viabiliza a sua ação para a realização dos seus objetivos e o modelo de Estado que vai indicar o tipo de administração e suas finalidades. O autor acrescenta que o Estado Contemporâneo, em sua fase mais moderna, com essência puramente democrática na sua execução administrativa, passou a ter vários desdobramentos nas relações de colaboração entre o Estado e a Sociedade, com o pluralismo da sociedade transformando o Estado que passou de uma situação dominante para um Estado formado a partir de um consenso, ou seja, um Estado policrático.

> Pode-se dizer então que com a evolução do Estado, não foram traçados somente novos parâmetros no relacionamento com a sociedade, pois com o desenvolvimento de novos fatores de ação para o Estado, também foram propiciados avanços para os sistemas de controle, com aprimoramento dos mecanismos de fiscalização e surgimento de novos meios de controle, no sentido de ser dada a transparência necessária aos atos governamentais, de onde prevalece o surgimento e o fortalecimento do controle social (MILESKI, 2006, p. 86).

Assim, as injustiças sociais, o poder centralizado nas mãos do governante, a ausência de ética e transparência na Administração Pública trouxeram a criação de uma nova ordem social e jurídica, conhecida como o Estado Democrático de Direito.

> A consolidação do que a sociedade brasileira conhece hoje por Estado democrático de direito não foi obra do acaso e nem da vontade de nenhum governante; foi na verdade o produto de uma história de lutas da humanidade para pôr fim aos Estados absolutos, garantindo ao cidadão mecanismos de defesa contra os arbítrios do poder estatal (FONSECA, 2003, p. 05).

São Princípios Fundamentais do Estado Democrático, de acordo com Carvalho Neto (2000, p. 182):

- A supremacia da vontade popular: referente à problemática da participação popular no governo;
- A preservação da liberdade: exige respeito dos entes estatais para com as liberdades públicas, ou direitos dos cidadãos;
- A igualdade de direitos: proibição de discriminações de qualquer natureza em relação ao gozo e a fruição de direitos.

Trata-se, portanto, de um regime político com valor histórico inesgotável, meio e instrumento na realização de outros valores essenciais para a convivência humana. Democracia envolve, por definição, participação popular. Um estado poderá ser chamado de democrático, se ele for dependente em maior ou menor grau, da participação do povo nas decisões políticas (CARVALHO NETO, 2000).

No Estado Democrático de Direito a democracia busca a concretização dos direitos fundamentais e a efetivação da cidadania. Nas Palavras de Bobbio (2002):

> A democracia não é tanto uma sociedade de livres e iguais (porque tal sociedade e apenas um ideal limite), mas uma sociedade regulada de tal modo que os indivíduos que a compõem são mais livres e iguais do que em qualquer outra forma de convivência (BOBBIO, 2002, p. 74).

O Estado Democrático de Direito possibilita a legitimação democrática do poder do Estado por meio da participação popular no processo político, na gestão pública, nas decisões do governo e no controle da administração pública. Como ensina Di Pietro (2003, p. 133):

> É nesse sentido que a participação popular é uma característica essencial do Estado de Direito Democrático, porque ela aproxima mais o particular da Administração, diminuindo ainda mais as barreiras entre o Estado e a sociedade.

Importante considerar que a participação direta e indireta do cidadão na gestão pública é princípio consolidado na Declaração Universal dos Direitos do Homem, promulgada em 1948 pela assembléia geral da Organização das Nações Unidas (ONU) "Todo homem tem o direito a tomar parte no governo de seu país diretamente ou por intermédio de representantes livremente escolhidos". (DECLARAÇÃO UNIVERSAL, apud FONTES, 1998).

No Brasil, o art. 1° da Constituição Federal de 1988, deixa claro que República Federativa do Brasil se constitui em Estado Democrático e que todo poder emana do povo. Segue o referido artigo na íntegra:

> Art. 1° A República Federativa do Brasil, formada pela união indissolúvel dos Estados e Municípios e do Distrito Federal, constitui-se em Estado Democrático de Direito e tem como fundamentos:
> I - a soberania;

II - a cidadania;
III - a dignidade da pessoa humana;
IV - os valores sociais do trabalho e da livre iniciativa;
V - o pluralismo político.
Parágrafo único. Todo o poder emana do povo, que o exerce por meio de representantes eleitos ou diretamente, nos termos desta Constituição.

Com base no que foi exposto entende-se a necessidade de criar condições também para que a educação no Brasil fosse pautada pela democracia e pelo atendimento aos princípios constitucionais. No art. 5 da Lei 9.394/96 – LDB encontra-se determinado que:

> O acesso ao ensino fundamental é direito público subjetivo, podendo qualquer cidadão, grupo de cidadãos, associação comunitária, organização sindical, entidade de classe ou outra legalmente constituída, e, ainda, o Ministério Público, acionar o Poder Público para exigi-lo (BRASIL, 1996).

Com base nos citados artigos considera-se o acesso ao ensino e a educação um direito de todo cidadão brasileiro. Assim sendo considera-se também que:

> A gestão escolar participativa é fundamental para o desenvolvimento de uma sociedade democrática. Democracia, participação e autonomia são princípios incontestáveis que constituem o marco teórico-prático da gestão educacional (HORA, 1994, p. 21).

Assim, nos tópicos a seguir, a dissertação vai propor a melhor compreensão da descentralização da educação e o desenvolvimento do que trata aqui o trabalho; a gestão democrática.

2.3 Os Caminhos da educação contemporânea

A obra de Paulo Freire tem sido objeto de estudos de vários interessados pela pedagogia e na área de educação em geral. Atualmente, o autor tem sido embasado e sempre lembrado na educação, já que suas acepções demonstram uma realidade a qual se situa a educação no Brasil.

Segundo Freire (1997), ensinar exige:

- Segurança, competência profissional e responsabilidade;
- Comprometimento;
- Compreender que a Educação é uma Forma de Intervenção no Mundo;
- Liberdade e Autoridade;
- Tomada Consciente de Decisões;
- Saber Escutar;
- Reconhecer que a Educação é Ideológica;
- Disponibilidade para o Diálogo;
- Querer bem aos Educandos.

Nota-se através dos ensinamentos de Freire (1997) que a educação adquiriu um caráter humano onde prevalece a relação cidadã entre professores e alunos e principalmente o reconhecimento da importância do aprendizado e conhecimento para o desenvolvimento individual e coletivo dos cidadãos.

Segundo Freire (1997, p. 52), "Ninguém liberta ninguém, ninguém se liberta sozinho: os homens se libertam em comunhão". Ao escrever essas palavras Freire (1997) mostra ao mesmo tempo em que só é possível ensinar alguém se este quer ser ensinado e para que isso aconteça é importante que o individuo tenha a possibilidade de identificar nos currículos obrigatórios a realidade onde está inserido.

Nesse sentido, analisando também as palavras de Macedo (2000, p. 06) destaca-se que: o mais interessante e eficaz é o círculo de cultura, onde o educador passa a ser um animador, substituindo a "aula bancária," onde o professor é aquele que sabe e ensina, por aquele que aprende ao ensinar, pois é aprendendo que se ensina, portanto o mais importante é aprender.

Para Freire (1997, p. 54), "na medida em que você assume a posição ingênua do educando, você supera essa posição com ele, e não sobre ele."

Tais palavras fazem com que o educador consciente assuma uma nova postura frente a seus alunos e na medida em que isso acontece, os educadores estarão automaticamente, de acordo com a visão de Freire (1997) pessoas mais compromissadas com o oprimido e suas idéias. Isso significa que ao assumir o papel de educador é possível fazer com que o oprimido se liberte e conseqüentemente ingresse em seu verdadeiro papel na sociedade.

2.4 O novo modelo de gestão escolar

Para Luck (1996), a gestão democrática participativa dentro das escolas direciona a descentralização do poder visto que propõe a realização de um trabalho com ampla participação de todos os segmentos da escola e da comunidade, envolvendo a vontade coletiva.

A descentralização do sistema educacional pode afetar a qualidade do ensino, uma vez que a gestão escolar passa a ser exercida pelas instâncias que estão mais próximas da comunidade usuária das escolas. Mas, para as escolas se adaptarem às sua clientela, torna-se necessário que a descentralização também esteja acompanhada de maior autonomia para o exercício da gestão e seja adequadamente coordenada.

A Constituição Federal de 1988 – CF/88 trata especificamente da Educação nos artigos 205 a 214, onde são redefinidos os papéis dos responsáveis pela condução de um sistema de ensino ou mesmo apenas de uma unidade escolar.

O foco da gestão educacional, em todas as áreas de ação, visa à formação adequada dos alunos (LUCK, 2009). Para isso é preciso obedecer às determinações da legislação nacional para a realização da educação: Constituição Federal, Lei de Diretrizes e Bases (LDB, 9394/1996), o Plano Nacional de Educação e as diretrizes curriculares. A Constituição Federal de 1988 trouxe a tese da descentralização da educação como forma de lei, no artigo nº 211, *in verbis*:

> A União, os Estados, o Distrito Federal e os Municípios organizarão em regime de colaboração seus sistemas de ensino.
> § 2º Os Municípios atuarão prioritariamente no ensino fundamental e na educação infantil.

§ 3° Os Estados e o Distrito Federal atuarão prioritariamente no ensino fundamental e médio.

§ 4° Na organização de seus sistemas de ensino, a União, os Estados, o Distrito Federal e os Municípios definirão formas de colaboração, de modo a assegurar a universalização do ensino obrigatório (BRASIL, 1988).

Conforme descreve Alarcão (2001), o mundo vive em um cenário marcado por mudanças ideológicas, culturais, sociais e profissionais a educação é o cerne do desenvolvimento dos indivíduos e da convivência social.

A escola como *locus* do conhecimento e espaço sociocultural se torna a responsável por interagir diversos processos sociais: a reprodução das relações sociais, a criação e a transformação de conhecimentos, [...] a luta contra o poder estabelecido, formando novas identidades profissionais e sociais, uma vez que esse novo projeto demanda cidadãos conscientes e capazes de exercer plenamente seus direitos (DAYRELL, 1996, p. 2).

Machado (2012) complementa ainda dizendo que o princípio democrático, prescrito na Constituição de 88, é consolidado na Lei de Diretrizes e Bases, Lei n° 9394/96, que explicita decisões de caráter normativo para conduzir a gestão escolar nas escolas públicas:

Art. 3° - O ensino será ministrado com base nos seguintes princípios: [...]. VIII – Gestão do ensino público na forma da Lei e da legislação dos sistemas de ensino; [...]. Art. 12 – Os estabelecimentos de ensino, respeitadas as normas comuns e as de seu sistema de ensino, terão a incumbência de: I – elaborar e executar sua proposta pedagógica; [...]. Art. 14 – Os sistemas de ensino definirão as normas de gestão democrática do ensino público na educação básica, de acordo com as suas peculiaridades e conforme os seguintes princípios: I – participação dos profissionais da educação na elaboração da proposta políticopedagógica da escola; II – participação das comunidades escolares e locais em conselhos escolares ou equivalentes. [...]. Art. 15. Os sistemas de ensino assegurarão às unidades escolares públicas de educação básica que os integram progressivos graus de autonomia pedagógica e administrativa e de gestão financeira, observadas as normas gerais de direito financeiro público (BRASIL, 1996).

Nesse sentido, visando à melhoria da qualidade do ensino oferecido e à otimização dos recursos existentes na escola, a legislação brasileira define como modelo ideal de gestão escolar, aquela que privilegie ações democráticas e que possibilite que a unidade seja administrada de maneira compartilhada entre seus gestores e demais instâncias de deliberação como Colegiado Escolar, Caixa Escolar e Associação de Pais.

A autonomia escolar, conforme instituída pela LDB/96, refere-se à construção da identidade institucional, baseada na formação de capacidade organizacional da escola para elaborar o seu projeto educacional, para gerenciar diretamente os recursos destinados ao desenvolvimento e manutenção do ensino, bem como a execução dos mesmos, mediante adoção da gestão compartilhada (PARENTE e LÜCK, 1999, p. 5).

Para Luck (2009) a gestão escolar democrática participativa adquire dimensão de organização e implementação dos recursos humanos, burocráticos e financeiros, objetiva o cumprimento da essência da educação que é o de fazer da escola um espaço potencializador de aprendizagem e de formação crítica dos alunos.

Desse modo, a descentralização e a autonomia da escola, como práticas, pelo menos na teoria instituída dentro dos sistemas educacionais públicos, apontam para a possibilidade de se contar com uma comunidade mais participativa, integrada e voltada para a busca de seus interesses ampliando, dessa forma, a capacidade de resposta a essas necessidades.

Para as autoras mencionadas a democratização da gestão escolar das unidades de ensino fundamental e médio passa, necessariamente, pela adoção de medidas que possam contar com a participação da comunidade escolar (gestores, professores, funcionários, pais e alunos), a saber: a estrutura de gestão colegiada, os mecanismos utilizados para o provimento do cargo de diretor escolar e os instrumentos de planejamento escolar. Adotar tais ações é de fundamental importância para que cada escola possa responder pelas diferentes necessidades administrativas, financeiras e pedagógicas e, ainda, pelas atividades socioculturais da unidade escolar.

Libâneo (2005) considera que uma das principais contribuições oferecidas pela democratização da gestão é a busca da melhoria educacional por meio de ações pedagógicas e administrativas, pois essa é uma "atividade pela qual são mobilizados meios e procedimentos para atingir os objetivos da organização, envolvendo, basicamente os aspectos gerenciais e técnico administrativos." (LIBÂNEO, 2005, p. 318).

Dentro desse contexto pode-se dizer que existem tipos diferentes de estruturas de gestão colegiada com base nos princípios da gestão democrática. Tiezzi (2002) cita que os modelos mais utilizados nas escolas públicas brasileiras são a formação do *Conselho Escolar*, que tem o papel de desempenhar funções normativas, deliberativas e de fiscalização das ações da administração da escola. Além do Conselho, forma-se a *Associação de Pais e Mestres*, que é uma instituição auxiliar às atividades da escola, no que se refere a promoções das atividades administrativas, sociais e pedagógicas, bem como arrecadar recursos para complementar o orçamento escolar. Faz parte do modelo também a *Caixa Escolar*, uma instituição jurídica, de direito privado, sem fins lucrativos, que tem como função básica, administrar os recursos financeiros da escola, oriundos da União, estados e municípios e aqueles arrecadados pelas unidades escolares e o *Colegiado Escolar*[1], órgão coletivo, consultivo e fiscalizador que atua nas questões técnicas, pedagógicas, administrativas e financeiras da unidade escolar. Como órgão coletivo, o colegiado viabiliza a gestão participativa e democrática da escola, a tomada de decisão consensual, visando à melhoria da qualidade do ensino.

Outras formas de democratização da gestão escolar que estão sendo adotadas foram os mecanismos coletivos escolares constituídos, em geral, por professores, alunos, funcionários, pais e por representantes da sociedade, escolhidos pela comunidade escolar com o objetivo de apoiar a gestão da escola, como por exemplo, os mecanismos de gestão para o provimento do cargo de Diretor Escolar, ou seja, a escolha do diretor escolar pela via de eleição direta e com a participação da comunidade. Esse processo vem se constituindo, desde 1995, como um mecanismo ligado à democratização da educação e da escola pública, em substituição à forma tradicional de indicação e nomeação pelos dirigentes governamentais e partidos políticos. "A eleição do diretor com a participação da comunidade e funcionários das escolas é um elemento decisivamente democratizante do projeto de melhoria da qualidade da educação básica" (TIEZZI, 2002).

---

[1] "O Colegiado Escolar é uma forma de organizar a participação, na direção da escola, dos vários segmentos da comunidade escolar representados pelos pais, alunos (com idade mínima de 16 anos), professores profissionais da educação. Essa participação é democrática, pois as decisões são tomadas através do voto. O Colegiado só existe enquanto está reunido. Ninguém tem autoridade especial fora do Colegiado só porque faz parte dele" (MINAS GERAIS, Secretaria de Estado da Educação. Gestão da Escola: sugestões e esclarecimentos, 14)

No que se refere aos instrumentos de planejamento escolar, esses se caracterizam como elementos básicos para a organização autônoma da unidade escolar e um mecanismo imprescindível para a descentralização do processo decisório e de administração da escola. Os principais instrumentos de planejamento da escola pública são: o *Plano de Desenvolvimento da Escola* (PDE), referencial maior da unidade escolar, que define o conjunto das ações da escola, incluindo o projeto político-pedagógico e o cálculo de recursos financeiros necessários ao desenvolvimento do plano; é elaborado com a participação dos profissionais da escola, utilizado de forma autônoma e descentralizada administrativamente. O Projeto Político-Pedagógico contém a definição do conteúdo que deve ser ensinado e o que deve ser aprendido na escola. Caracteriza-se, principalmente, por traduzir os interesses e necessidades da sociedade e por ser elaborado com base na realidade local e com a participação da comunidade que compõe a clientela da escola (PARENTE e LÜCK, 1999, p. 39-42).

As inovações e as ações realizadas pelas autoridades educacionais e pelos profissionais da educação têm como objetivo maior tornar as instituições escolares mais eficazes para enfrentar o desafio de oferecer uma educação de qualidade aos que têm acesso a ela dentro dos princípios de uma escola democrática e para todos.

Acredita-se que a gestão escolar flexível e democrática possibilita a elaboração e a implementação de programas sociopedagógicos diferenciados, criados na unidade escolar para atender a demandas específicas, conforme as necessidades apresentadas pelo seu alunado. Deste modo, tem-se que a forma de atuação da equipe de gestão da unidade escolar é o fator determinante no atendimento adequado aos alunos com deficiência nas escolas regulares de ensino. Sendo assim, uma escola com perfil inovador, que se proponha a se tornar uma instituição capaz de transformar a realidade da sua clientela, é aquela que busca fazer o seu atendimento considerando os princípios de tolerância, compartilhamento em base cotidiana, pluralismo de idéias, diálogo, negociação, mediação, respeito aos direitos humanos e combate às desigualdades e exclusão escolar.

Na FIG. 1 abaixo encontra-se apresentada a estrutura organizacional de uma escola democrática e participativa, de acordo com a visão de Libâneo (2005):

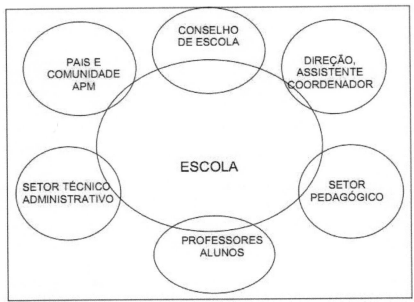

FIGURA 1: Estrutura organizacional
Fonte: Libâneo (2005, p. 355)

Libâneo (2005) analisa que a escola pública, em todos os níveis e modalidades da educação básica, possui como desafio democratizar o espaço escolar, oferecer direitos de participação iguais à comunidade escolar, aos professores, estudantes, funcionários e a todos que dela fazem parte através da gestão democrática e participativa. Essa preocupação implica em rearticular o sistema educativo ao novo cenário político e produtivo, a globalização e o desenvolvimento de novas tecnologias criam a necessidade de reformular a escola para que essa instituição seja eficiente no processo de formação da nova cidadania (LIBÂNEO, 2005).

Procurou-se enfatizar, a gestão escolar e suas especificidades, por se entender que esse é um dos aspectos mais importantes no processo de mudança na participação e na autonomia dos agentes envolvidos, porque, com a descentralização do setor, o poder decisório sobre a forma de atuar e de elaborar o plano pedagógico de cada escola estaria a cargo da equipe de gestores da própria unidade. O que quer dizer que a aceitação de alunos em seu quadro discente e o acompanhamento do rendimento escolar desses alunos depende, em grande parte, da sensibilidade e da determinação dos gestores para lidar com essa questão, almejando resultados positivos.

2.5 "Gestão democrática" das escolas militares

O referencial teórico que se apresenta tem como objetivo esclarecer questões relevantes sobre o que vem a ser uma gestão democrática, cabendo ainda definir o que vem a ser administração ou de uma forma usual nos dias de hoje; "gestão". Em linhas gerais pode-se dizer que a administração é uma ação para efetivar tarefas e atingir objetivos em comum propostos em um grupo ou organização (BIASE, 2009).

Deve-se considerar ainda que segundo Biase (2009, p. 11), "o processo administrativo é essencialmente o mesmo em todo o empreendimento humano, o que inclui certamente organizações do setor educacional". Segundo o autor, o citado processo Inclui determinação de objetivos, garantia de recursos, determinação de política de ação e padrões de serviço, distribuição de recursos de conformidade com o plano de trabalho, manutenção da operação de forma a produzir a quantidade e a qualidade desejadas de serviços, avaliação e contabilidade para uso dos recursos.

A tarefa do administrador ou gestor é a de configurar alvos e metas e organizar e manter um ambiente que torne possível - e até inevitável - o bom desempenho de cada um para atingir essas metas e alvos. Tanto na escolha das metas como na criação de um ambiente favorável ao desempenho, o executivo escolar (gestor) terá de agir tendo em vista o meio em que opera, não só o da empresa da qual participa, mas do ambiente exterior-econômico, tecnológico, político e moral - em que sua empresa funciona (BIASE, 2009).

Afirma-se, assim, que a gestão da educação como "tomada de decisões" acontece e se desenvolve em todos os âmbitos da escola, inclusive e fundamentalmente, na sala de aula, onde se objetiva "o projeto político-pedagógico não só como desenvolvimento do planejado, mas como fonte privilegiada de novos subsídios para novas tomadas de decisões e para o estabelecimento de novas políticas" (FERREIRA, 2001, p. 309).

De acordo com Gadotti (2001) a administração educacional é fundamentalmente uma ciência ética, preocupada com melhorias constantes nos processos e como tal, está completamente embebida de valores, preferências, idéias, aspirações, esperanças e coisas semelhantes.

Na visão de Biase (2009) a administração escolar brasileira, tanto na sua prática quanto na sua fundamentação teórica, foi fortemente influenciada por dois aspectos:

- Conceitos de administração e organização desenvolvidos à luz das realidades diferentes da escola brasileira;
- Teorias administrativas e/ou organizacionais desenvolvidas a partir de ambientes diferentes dos ambientes escolares.

Por outro lado, conforme já verificado no decorrer do presente referencial, a Administração Educacional na atualidade, está sofrendo radical transformação, não só em termos dos diferentes métodos de ensino, mas, mais significativamente ainda, em termos do conteúdo de tais métodos.

Desse modo, em primeiro lugar uma nova forma de administração implica, pois uma outra postura diante do poder e uma outra postura diante da escola seus agentes e grupos sociais que integram o espaço escolar (BIASE, 2009).

Entende-se nesse caso que a descentralização é a tendência atual mais forte dos sistemas de ensino e as últimas reformas, apesar da resistência oferecida pelo corporativismo das organizações de educadores e pela burocracia instalada nos aparelhos de estado, muitas vezes associados na luta contra a inovação educacional (ABU-DUHOU, 2002). Ainda segundo o autor mencionado:

> Um sistema único e descentralizado supõe objetivos e metas educacionais claramente estabelecidos entre escolas e governo, visando à democratização do acesso e da gestão e à construção de uma nova qualidade de ensino sem que tenha que passar por incontáveis instancias

de poder intermediário. A gestão democrática não deveria limitar-se ao administrativo. Deveria abranger também o orçamento e as finanças. Impõe-se estabelecer regras democráticas também na elaboração do orçamento e na sua execução, garantindo a autonomia administrativa e financeira (ABU-DUHOU, 2002, p. 11).

Conforme já citado, a Lei 9394/96 - Lei de Diretrizes e Bases da Educação Brasileira - abre caminhos para inovações. Não obriga nem garante, mas facilita as práticas inovadoras dos educadores preocupados com o nível de deslocamento entre os currículos e a realidade dos educandos, os problemas de nosso país, do mundo e da própria existência.

A escola é um ambiente privilegiado de aprendizagem. Nela, o currículo, a formação dos professores, a administração do tempo, do espaço, o material didático estão planejados para ajudarem a construir um ambiente de aprendizagem (BARBOSA, 2008).

> Educar para uma cidadania global é desenvolver a compreensão de que é impossível querer desacelerar o mundo e, desse modo, procurar adaptar a forma de educar as mudanças rápidas e aceleradas presentes em nossas vidas. É ter uma atitude interna de abertura e não de fechamento; uma atitude de questionamento crítico e, ao mesmo tempo, de aceitação daquilo que julgarmos relevante para a educação (BEGOT e NASCIMENTO, 2002, p. 63).

Isso envolve a compreensão dos impactos sociais e políticos decorrentes dos fenômenos demográficos e a aquisição de valores compatíveis com a vida numa sociedade planetária, em que prevalece a tolerância, o respeito, a compaixão, a cooperação e a solidariedade. É preparar os indivíduos para vivenciarem uma nova ética capaz de melhorar a convivência entre os povos (BARBOSA, 2008).

Dentro dos sistemas educacionais, Gadotti (2001), analisa o processo de transformar a escola burocrática existente numa outra escola, uma escola com autonomia, uma escola cidadã.

Educar para sociedade do conhecimento supõe o desenvolvimento de competências para ensinar a prática reflexiva, profissionalização, o trabalho em equipe, autonomia e responsabilidade crescente, além de uma pedagogia diferenciada, que ofereça novas formas de aprendizagem com as tecnologias (BARBOSA, 2008).

Instituir mudanças na escola, adequando-a as exigências da sociedade do conhecimento constitui, hoje, um dos desafios educacionais (BIASE, 2009). A escola é lugar de trabalho complexo, que envolve inúmeros fatores, além dos educadores e dos educandos.

Com base no exposto entende-se que a escola hoje passa por transformações importantes no que se refere aos processos de gestão, buscando efetivar de fato o direito dos cidadãos quanto à educação e valorizar a democracia e a cidadania dos agentes envolvidos no processo ensino / aprendizagem.

3 METODOLOGIA

3.1 Tipo de pesquisa

Para a realização e desenvolvimento da dissertação foram utilizadas fontes primárias (pesquisa de campo com coleta de dados na unidade escolhida como objeto) e fontes secundárias (documentos dos registros do CTPM) e ainda observações *in loco.*

Para este estudo, foi utilizada a pesquisa do tipo descritiva de natureza qualitativa. Optou-se pela pesquisa descritiva por analisar o fenômeno onde este acontece, conforme Godoy (1995, p.62) "o ambiente e as pessoas nele inseridas não são reduzidos a variáveis, mas observadas como um todo", o que permitirá analisar o fenômeno em sua complexidade. Na pesquisa descritiva, o investigador procura descobrir com o devido cuidado, a frequência com que o fenômeno acontece (VERGARA, 2007).

De acordo com Nascimento (2005, p. 01) "o procedimento qualitativo procura pressupostos para relacionar a dinâmica entre o mundo real e o sujeito, descrever a complexibilidade de certos fenômenos sociais, históricos não captáveis por abordagens quantitativas".

Além disso, Silva (2001) explica que na pesquisa qualitativa considera-se que há uma relação dinâmica entre o mundo real e o sujeito, isto é, um vínculo indissociável entre o mundo objetivo e a subjetividade do sujeito que não pode ser traduzido em números.

Merrian (2002) descreve quatro características-chave para os estudos qualitativos: a compreensão do significado que os participantes atribuem ao fenômeno ou situação estudada; o uso da coleta e análise dos dados; o processo de condução da pesquisa indutivo e, finalmente, o resultado expresso por meio de um relato da pesquisa descritivo, detalhado e rico a respeito do que o pesquisador aprendeu.

A parte prática da pesquisa foi realizada com base em um estudo de caso, um tipo de pesquisa que procura reunir o maior número possível de informações sobre o objeto de interesse, por meio de variadas técnicas de coleta de dados, para apreender todas as variáveis da unidade analisada e concluir indutivamente sobre as questões propostas conforme apontado por Yin (2005, p.20). Para o autor:

> Em geral, os estudos de caso, representam estratégias preferidas quando se colocam questões do tipo como e por que, quando o pesquisador tem pouco controle sobre os eventos e quando o foco se encontra em fenômenos contemporâneos inseridos em algum contexto da vida real. No estudo de caso, os pesquisadores devem ter muito cuidado ao projetar e realizar estudos de casos a fim de superar as tradicionais críticas que se faz ao método (YIN, 2005, p. 20).

Ainda destacando as características do estudo de caso Lüdke e André (1989) destacam que estes visam à descoberta, ou seja, enfatizam a "interpretação em contexto", buscando retratar a realidade de forma completa e profunda. Para tanto, usam uma variedade de fontes de informação e revelam experiência que permitem generalizações naturalísticas.

3.2 Unidade de Análise

O desenvolvimento da pesquisa e do estudo de caso tomou como base o Sistema de Educação Escolar da PMMG, composto por 20 unidades de Colégios Tiradentes (CTPM), sediados na capital e no interior do estado de Minas Gerais, sendo gerenciado pela Diretoria de Educação e Assistência Social (DEEAS), sediada em Belo Horizonte. A DEEAS tem como responsabilidade a padronização de procedimentos referentes às rotinas administrativas e pedagógicas, com a expedição de diretrizes comuns para a gestão escolar, visando à sincronia do sistema de ensino.

A unidade de análise faz parte do Sistema de Educação Escolar da Polícia Militar de Minas Gerais e está localizada na praça Duque de Caxias, s/nº, no Bairro Santa Tereza – BH. Em todo o Sistema de Educação Escolar da PMMG, a Unidade Santa Tereza é considerada a que possui melhor infra-estrutura e melhor localização, além de ser a maior e mais antiga do Sistema. Por este motivo, optou-se por realizar a pesquisa de campo nesta unidade.

Nas FIGURAS 2 e 3 observa-se as instalações do CTPM unidade Santa Tereza

FIGURAS 2 e 3: vista externa e aérea do CTPM unidade Santa Tereza
Fonte: CTPM (2012)

O CTPM/Santa Tereza conta com o seguinte corpo de funcionários: 60 militares, Oficiais e Praças e 98 funcionários civis. Este corpo de funcionários tem como função dar apoio logístico, financeiro e de administração de pessoal à realização das atividades pedagógicas desenvolvidas pelo colégio.

3.3 Sujeitos da pesquisa

O desenvolvimento da pesquisa partiu da coleta de dados junto à equipe pedagógica do CTPM – MG composta por 2 diretores; 4 vice-diretores; 16 supervisores (sendo 6 Especialistas em Educação) e 09 orientadores.

Os sujeitos foram procurados pessoalmente pela aluna onde foi apresentado a eles o roteiro elaborado especialmente para a entrevista e solicitado o preenchimento de acordo com a percepção pessoal de cada respondente.

A aluna e pesquisadora comprometeu-se em manter os dados pessoais na confidencialidade e após um período de trinta dias solicitou a devolução dos questionários. Neste momento foram retornados apenas 7 questionários respondidos, sendo que destes foram destacados 4 pois as respostas dos demais não condiziam com a realidade da pesquisa e nem com as questões propostas. Logo a pesquisa contou com 4 "atores privilegiados" que são pessoas de suma importância para a Instituição e para a promoção de mudanças na mesma.

3.4 Procedimentos de coleta e interpretação dos resultados

Segundo Vergara (2007), os dados devem ser coletados de forma adequada ao tipo da pesquisa, para que o levantamento possa responder ao problema da pesquisa e atingir seus objetivos. Deve haver uma correlação entre os objetivos e os meios para alcançá-los.

Para a realização da coleta de dados optou-se pelas seguintes técnicas e procedimentos:

- Documentação indireta: pesquisa documental, tendo por base fonte primária, ou seja, registros da Secretaria de Ensino do Colégio Tiradentes, Regimento interno, documentos e normas do Ministério da Educação, Secretaria de Estado da Educação e outros órgãos afins;
- Documentação direta: pesquisa de campo através de entrevistas estruturadas direcionadas ao corpo pedagógico do Colégio Tiradentes;

"A entrevista é uma técnica importante que permite o desenvolvimento de uma estreita relação entre as pessoas" (RICHARDSON, 1999, p. 144).

Gil (2010) entende que a entrevista é uma das técnicas de coleta de dados mais utilizadas no âmbito das ciências sociais. O autor destaca que tal técnica permite ao investigador se apresentar de frente ao entrevistado formulando perguntas, com o objetivo de obtenção dos dados que interessam à investigação. A entrevista é, portanto, uma forma de interação social. Mais especificamente, é uma forma de dialogo assimétrico, em que uma das partes busca coletar dados e a outra se apresenta como fonte de informação (GIL, 2010, p. 117).

Analisando os tipos de entrevista conceituados por Lüdcke e André (1989) verifica-se que estas podem ser do tipo estruturada, semi estruturada ou não estruturada. Segundo os autores, no primeiro tipo (estruturada) há imposição de uma ordem rígida de questões, o entrevistado discorre sobre o tema proposto e tem que seguir muito de perto um roteiro de perguntas feitas a todos os entrevistados de maneira idêntica e na mesma ordem. Nas entrevistas do tipo semi-estruturadas existe um esquema básico de perguntas, mas este funciona apenas como roteiro e o entrevistador e o entrevistado podem se interagir de forma dinâmica, podendo nesse momento surgir outros assuntos de interesse que podem ser contemplados na entrevista. Na entrevista não estruturada, não há estabelecimento de roteiros e o entrevistador apenas expõe o assunto de interesse deixando o entrevistado livre para responder as questões.

Com base na descrição conceitual apresentada, verifica-se que o tipo de entrevista que mais se enquadrou aos objetivos pretendidos com a realização da pesquisa foi a entrevista semi-estruturada e nesse caso a autora do projeto elaborou um roteiro contendo questões que serviram de base para a realização das entrevistas com os sujeitos já descritos (APÊNDICE B).

Lüdcke e André (1989) descrevem que quando se realiza uma entrevista, a fase de análise dos dados significa trabalhar todo material obtido durante a pesquisa, ou seja, os relatos de observação, as transcrições de entrevistas, as análises de documentos e demais informações disponíveis.

Após a realização das entrevistas os resultados foram analisados com base na técnica denominada "análise de conteúdo". Para Bardin (1979) a análise de conteúdo é um conjunto de técnicas de análise de comunicação que visa obter, mediante procedimentos sistemáticos, indicadores que permitam a interferência de conhecimentos relativos às condições de produção/recepção dessas mensagens. Assim, ela se constitui numa ferramenta eficaz para o processamento de dados, pois possibilita, ao pesquisador, captar o sentido simbólico de uma mensagem e compreender seus vários significados.

4 APRESENTAÇÃO DOS RESULTADOS DA PESQUISA

4.1 O sistema escolar da Polícia Militar

Os dados apresentados foram obtidos através da pesquisa documental realizada na sede do Colégio Tiradentes, onde foram verificados manuais e normas de procedimentos de ensino, Projeto Político Pedagógico, Legislações especificas para o sistema educacional da PMMG e ainda foi utilizado o Regimento Interno do CTPM[2]

Importa considerar inicialmente que a Polícia Militar de Minas Gerais (PMMG) se insere nesse contexto educacional, uma vez que possui um sistema próprio de ensino regular, que é nacionalmente conhecido como "Sistema de Educação Escola da PMMG". Segundo dados obtidos em pesquisa este oferece os níveis de ensino fundamental e médio da educação básica e sua principal finalidade é atender, prioritariamente, aos dependentes legais de policiais militares.

Sobre a história do ensino nas escolas militares brasileiras, verifica-se que este é legislado da mesma maneira que o ensino educacional geral, ou seja, formalizado pela Lei de Diretrizes e Bases da Educação LDB. Contudo, merece destacar que em seu artigo 83, a LDB trata especificamente do ensino militar da seguinte maneira: "O ensino militar é regulado em lei específica, admitida a equivalência de estudos, de acordo com as normas fixadas pelos sistemas de ensino" (BRASIL, 1996).

Nota-se que mesmo havendo um sistema próprio de educação (que será detalhado mais adiante), as escolas militares são legisladas pela LDB e ao mesmo tempo que visam a formação profissional de seus militares, mas devem ofertar ensino regular, nos níveis fundamental e/ou médio, uma perspectiva de atendimento prioritário e promoção de um ensino de qualidade aos dependentes destes militares.

---

[2] CTPM. Colégio Tiradentes da Polícia Militar. **Regimento Interno**. 2008. Disponível em: <https://www.policiamilitar.mg.gov.br/portal-pm/ctpm/conteudo.action?conteudo=325&tipoConteudo= destaque>. Acesso em 10 dez. 2012.

Com relação à sua estrutura organizacional, no que se refere ao ensino, as escolas militares encontram-se alicerçadas em diversos escalões, que trabalham pela correta aplicabilidade dos princípios legais e normativos subsidiários ao desenvolvimento da educação profissional e escolar nas instituições de ensino sob sua gestão.

A FIGURA 4 apresenta o organograma administrativo da Polícia Militar

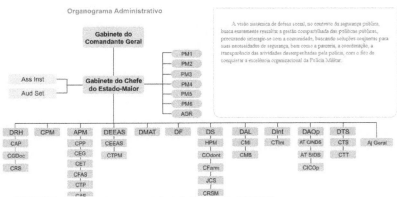

FIGURA 4: Organograma Administrativo da PMMG
Fonte: PMMG (2012)

Nota-se através da FIGURA 4 apresentada que o CTPM encontra-se subordinado diretamente ao comando geral da polícia militar em uma ligação direta com o chefe do Estado Maior e a DEEAS e CEEAS.

De forma descendente, encontra-se sob a responsabilidade da Seção de Recursos Humanos do Estado-Maior das Corporações o planejamento das diretrizes do Comando para a educação. No nível intermediário, as Diretorias de Ensino, em algumas polícias com outra denominação similar, se encarregam da coordenação, controle e supervisão técnica das atividades específicas de educação desenvolvidas nas escolas, pertencentes ao nível de execução de ensino.

De acordo com a especialidade de cada Estado ou da própria instituição policial militar, algumas não possuem sistema próprio de ensino constituído com escolas de formação, realizam a formação e qualificação profissional de seus oficiais e também de algumas praças em polícias coirmãs, através de convênio.

A Tabela 1 apresenta um panorama geral da quantidade de escolas existentes sob a gestão das polícias militares em todos os estados brasileiros, localizadas na Capital e interior dos estados, que ofertam o ensino regular.

TABELA 1 - Quantidade de escolas das Polícias Militares do Brasil

Estados da Federação	Qualidade de Escolas		TOTAL
	Capitais e Região Metropolitana	Interior	
Acre	-	-	-
Amazonas	2	-	2
Roraima	-	-	-
Rondônia	1	-	1
Pará	-	-	-
Amapá	-	-	-
Maranhão	1	2	3
Ceará	1	-	1
Piauí	1	1	1
Rio Grande Do Norte	-	-	-
Paraíba	1	-	1
Pernambuco	1	-	1
Alagoas	1	-	1
Sergipe	1	-	1
Bahia	4	9	3
Tocantins	1	-	1
Goiás	3	3	6
Mato Grosso	1	-	1
Mato Grosso do Sul	-	-	-
São Paulo	7	2	9
Minas Gerais	7	13	20
Rio de Janeiro	1	-	1
Espírito Santo	-	-	-
Paraná	1	-	1
Santa Catarina	1	-	1
Rio Grande do Sul	1	5	6
Distrito Federal	-	-	-

Fonte: Sistema Informatizado de Educação Escolar (SIEE) – DEEAS/PMMG (2012)

Verifica-se através da TAB.1 que o maior número de unidades dos CTPM estão localizados no Estado de Minas Gerais (20 unidades), sendo 13 unidades em diversas cidades do interior e 7 unidades em Belo Horizonte e sua região metropolitana. Observa-se também que o Estado de São Paulo possui o segundo maior número de unidades de colégios militares da polícia (9 unidades) e os Estados de Goiás e Distrito Federal em seguida com seis unidades respectivamente.

À guisa de um panorama histórico pode-se dizer que o Colégio Tiradentes da Polícia Militar (CTPM) surgiu no ano de 1968 em decorrência da lei estadual n.4.941, de 12 de setembro, mas mesmo antes já havia em funcionamento, desde 1949, o Ginásio Tiradentes que foi criado no Departamento de Instrução (DI), em Belo Horizonte por meio do Decreto Estadual N. 480/49. Este tinha como objetivo oferecer educação escolar aos militares e seus dependentes legais, sendo-lhes assegurada a prioridade de atendimento.

Até 1966 já haviam sido instalados Colégios Tiradentes em dez cidades mineiras. Cabe mencionar que o Sistema de Ensino da Polícia Militar de Minas Gerais foi criado no ano de 1973 através da Lei Estadual n.6.260, de 13 de dezembro de 1973, ainda em vigor. Neste documento abriu-se espaço para a criação de um órgão central apto a coordenar, controlar e fixar a filosofia dos Colégios Tiradentes. Além disso, foram devidamente atribuídas as funções de coordenação dos CTPM à Diretoria de Ensino (DE) (CTPM, 2012).

Em 13 de junho de 1989, com a criação da Diretoria de Promoção Social (DPS) e em razão do caráter assistencial dispensado aos CTPM, a gestão do Sistema de Ensino da PMMG passou a ser de responsabilidade desta Diretoria, que exerceu a atribuição até 1998 (CTPM, 2012).

De 1998, após a extinção da DPS, a 2008, a gestão do Sistema de Educação Escolar da PMMG, foi exercida pela Diretoria de Recursos Humanos (DRH). Em 22 de janeiro de 2009, por força da Resolução N. 4004, foi criada a Diretoria de Educação Escolar da PMMG, sob coordenação institucional da Diretoria, hoje existem 20 unidades de Colégios Tiradentes, dispostas na capital e interior do Estado, sendo 04 na Capital, 03 na RMBH e 13 em municípios do interior do Estado, com um público-alvo que perfaz quase 20.000 alunos, conforme demonstra a TABELA 2 a seguir:

Segundo pesquisa no Colégio Tiradentes de Belo Horizonte - CTPM (2012), o Sistema de Educação Escolar Geral da PMMG tem como gerência geral dos CTPM a Diretoria de Educação e Assistência Social (DEEAS), localizada na cidade de Belo Horizonte.

No manual de normas e procedimentos administrativo do CTPM (2012) verifica-se que a DEEAS tem como responsabilidade a padronização de procedimentos referentes às rotinas administrativas e pedagógicas, com a expedição de diretrizes comuns para a gestão escolar, visando à sincronia do sistema de ensino em todas as unidades do CTPM.

TABELA 2 - Unidades de Ensino do Sistema de Educação Escolar da Polícia Militar de Minas Gerais, por número de alunos e turmas – Minas Gerais

LOCALIZAÇÃO	Unidades de ensino – CTPM	Quantidade	
		Alunos	Turmas
CAPITAL	Santa Tereza	3 065	99
	Gameleira	1 423	44
	Nossa Srª das Vitórias	785	25
RMBH	Minas Caixa	1 391	43
	Contagem	895	29
	Betim	1 062	35
	Vespasiano	376	14
INTERIOR	Barbacena	967	31
	Bom Despacho	786	23
	Diamantina	494	15
	Governador Valadares	1 059	35
	Ipatinga	1 067	36
	Juiz de Fora	1 058	34
	Lavras	769	24
	Manhuaçu	673	21
	Montes Claros	928	27
	Passos	594	20
	Patos de Minas	513	15
	Teófilo Otoni	667	22
	Uberaba	714	21
Total		19 286	613

Fonte: Sistema Informatizado de Educação Escolar (SIEE) – DEEAS/PMMG (2012)

Nota-se que das 7 unidades do CTPM localizados em Belo Horizonte e Região Metropolitana, o maior destaque em número de alunos e turmas é a Unidade Santa Tereza, objeto deste estudo.

De acordo com o Regimento Interno do CTPM (2012), todas as unidades dos Colégios Tiradentes possuem as seguintes Instruções Legais que serviram de base para a elaboração do atual regimento:

- Lei Estadual n° 480, de 10 de Novembro de 1949 - Cria o Ginásio Tiradentes;
- Portaria n° 491, de 07 de Julho de 1950, do MEC - Autoriza o funcionamento do ginásio.
- Portaria n° 734, de 03 de Maio de 1957, do MEC - Autoriza o Curso Científico.
- Decreto Estadual n° 7.754, de 14 de Agosto de 1964 - Outorga o Curso Normal;
- Lei Estadual n° 4941, de 12 de Setembro de 1968 – altera o nome para Colégio Tiradentes da PMMG
- Lei Estadual n° 6.260, de 13 de Dezembro de 1973 – Institui o Sistema de Ensino da Polícia Militar do Estado de Minas Gerais;
- Parecer CEE n° 198, de 20 de Fevereiro de 1998 e Portaria SEE n° 3113/98 - autoriza o Curso Regular de Suplência;
- Parecer CEE n° 83/99, de 8de Fevereiro de 1999 do Processo n° 27387 - Autoriza o Curso de Aproveitamento de Estudos do Curso de Magistério;
- Portaria n° 326, de 27 de Abril de 2001 – Autoriza a transformação dos Anexos do CTPM/BH em Unidades Autônomas;
- Resolução CG n° 3595, de 31 de Maio de 2001 – Transforma as os Anexos do CTPM/BH em Unidades Autônomas;
- Portaria SEE n° 833/01 – Autoriza a mudança de denominação das Unidades do CTPM/BH.

4.2 Aspectos administrativos da gestão escolar

A FIGURA 5 apresenta o organograma dos Colégios Tiradentes da Polícia Militar:

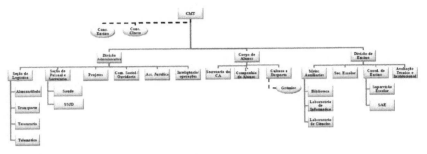

FIGURA 5: Organograma do CTPM
Fonte: CTPM (2012)

O organograma apresentado acima é um organograma padrão para todas as unidades dos CTPM e está contido no seu Regimento Interno (CTPM, 2012). Nota-se que a distribuição estrutural presume uma gestão burocrática nos seus processos de comunicação e administração em geral que se dão via ofícios, relatórios, memorandos e despachos , o que dificulta a comunicação entre os setores e a devida efetivação da gestão democrática nessas instituições.

4.2.1 Gestão de pessoas

A Diretoria de Educação Escolar e Assistência Social (DEEAS) é a responsável pela gestão do Sistema de Educação Escolar da PMMG, estabelecendo doutrinas administrativas e pedagógicas que mantêm a sincronia entre as vinte unidades que compõem o sistema de ensino e definindo, dentre outros: o Calendário Escolar anual; Matrizes Curriculares por níveis de ensino; o Regimento Escolar; o Plano de Desenvolvimento da Escola; as resoluções e instruções que anualmente regulam os processos de lotação do Quadro de Pessoal administrativos e pedagógico que atua nos Colégios Tiradentes da Polícia Militar – CTPM; de inscrição, seleção e matrícula anual dos alunos de indicação dos Diretores e Vice-Diretores Pedagógicos.

A direção das unidades de CTPM na PMMG é exercida por dois dirigentes: o Diretor Administrativo e o Diretor Pedagógico. A Direção Administrativa das quatro unidades de CTPM da Capital e da Unidade de Contagem é exercida pelo Tenente-Coronel Comandante da 'Unidade Argentino Madeira', que é dotada de uma aparato administrativo semelhante ao de um Batalhão da Polícia Militar, acrescida das adequações necessárias a uma administração escolar. A Direção Administrativa das unidades do interior do estado é exercida pelo Comandante da guarnição local, seja ele um Coronel Comandante Regional ou um Tenente-Coronel Comandante do batalhão lotado no município.

O processo de indicação do cargo de Diretor e da função de Vice-diretor Pedagógico dos Colégios Tiradentes da PMMG é regulado pela Resolução do Comando-Geral n. 3997, 24 de outubro de 2008, que estabelece os critérios e condições para a indicação de candidatos aos referidos cargos e funções.

O cargo de Diretor Pedagógico, cuja carga-horária de trabalho é de 40 horas semanais, e a função de Vice-Diretor Pedagógico, cuja carga-horária é de 24 horas semanais, são caracterizadas como 'de provimento em comissão', com designação de competências exclusiva do Comandante-Geral da PMMG. Tanto o cargo de Diretor Pedagógico quanto a função de Vice-Diretor Pedagógico podem ser exercidos por servidores ocupante de cargos de provimentos efetivos, efetivados, detentores de função pública ou designados das carreiras de Professor e Especialista em Educação Básica da Polícia Militar.

De acordo com o Regimento Interno do CTPM (2008) o processo de indicação é coordenado pelo Diretor Administrativo do CTPM, que designa uma Comissão Organizadora, composta por cinco profissionais do Colégio, para planejar, organizar e coordenar todo o processo. O processo é desencadeado em duas etapas, sendo a primeira uma análise de currículos a e segunda a avaliação das propostas de trabalho dos candidatos, a serem realizados pelos representantes da comunidade escolar integrantes da Comissão de Indicação.

A Comissão de Indicação é composta por representantes dos diversos segmentos da comunidade escolar nas categorias de profissionais em exercício no CTPM (professores, especialistas em educação e servidores administrativos) e de comunidade atendida pela escola (pais ou responsáveis e alunos que integrem o Colegiado Escolar).

Ao final do processo de avaliação, o Diretor Administrativo apresenta lista tríplice dos indicados à DEEAS, manifestando-se sobre o candidato que reúne melhores condições para assumir o cargo ou função. O Diretor da DEEAS submete à decisão do Comandante-Geral os nomes dos servidores indicados para o cargo de Diretor Pedagógico e a função de Vice-Diretor Pedagógico dos CTPM, para a devida designação.

O Diretor e o Vice-Diretor Pedagógicos permanecem no seu cargo ou na sua função pelo prazo de dois anos e podem ser reconduzidos aos seus postos apenas mais uma vez. Para isso é necessário que o Diretor Administrativo apresente uma avaliação positiva da gestão, comprovada pelo conceito excelente na avaliação individual de desempenho dos servidores, pelo cumprimento dos compromissos firmados quando da investidura em seus cargos e os definidos em seu plano de ação (CTPM, 2008).

Segundo o Regimento Interno do CTPM (2008) na Polícia Militar de Minas Gerais, o processo de indicação é realizado com uma avaliação curricular e da apresentação de uma proposta de plano de ação formulando pelos candidatos, feita por uma comissão representativa composta por membros de todos os segmentos da comunidade escolar. O processo perde seu caráter democrático na medida em que após análise do candidato é apresentada lista tríplice ao Comando da Corporação para a escolha de um deles, podendo a designação não recair naquele melhor avaliado e considerado o melhor indicado para o cargo pelos membros da comunidade escolar.

No que se refere aos servidores civis da PMMG, a Lei Estadual n. 15.301, de 10 de agosto de 2004, instituiu as carreiras do Grupo de Atividades de Defesa Social do Poder Executivo e, no item III de seu art.3º assim estabelece.

Art.3º – Os cargos das carreiras de que trata esta Lei são lotados nos quadros de pessoal administrativo dos seguintes órgãos do Poder Executivo:
III – na Polícia Militar do Estado de Minas Gerais, os cargos de Assistente Administrativo da Polícia Militar, Auxiliar Administrativo da Polícia Militar, Analista de Gestão da polícia Militar, Professor de Educação Básica da Polícia Militar e de Especialista Básica da Polícia Militar.

A mesma norma legal, alterada pela Lei n.15.784, de 27 de outubro de 2005, define o número de cargos dentro de cada carreira, de forma a atender a demanda dos Colégios Tiradentes, e estabelece os níveis de qualificação mínima exigidos nas carreiras, sendo o nível superior o mínimo exigido para os professores e especialistas em educação básica, nível fundamental para os auxiliares administrativos (auxiliares de serviços gerais) e nível médio para os assistentes administrativos (auxiliares de secretaria, biblioteca e assistentes de turno – disciplinários).

O corpo docente e pedagógico dos CTPM é formado por servidores civis do quadro de magistério da PMMG, efetivados ou designados para a função. É vedado aos militares o exercício do magistério nas unidades de CTPM, mesmo que sejam habilitados para tal.

O corpo administrativo é composto por servidores civis permanentes ao quadro administrativo da PMMG das carreiras de auxiliares administrativos (auxiliares de serviços gerais) e assistentes administrativos (assistentes de secretaria, biblioteca e da disciplina), bem como de militares coordenados administrativos, secretários de ensino e disciplinários, especialmente das unidades do interior do Estado.

O Diretor Administrativo é um Oficial Superior da PMMG designado pelo Comandante-Geral (CTPM, 2008).

4.2.2 Gestão de recursos financeiros e materiais

Por se tratarem de escolas públicas, as unidades do Colégio Tiradentes da PMMG são mantidas pelo Estado, sendo este o responsável por disponibilizar os recursos orçamentário-financeiros necessários para a manutenção das atividades administrativas de apoio às atividades educacionais desenvolvidas nas escolas. Dessa maneira, o Estado de Minas Gerais, por meio da Polícia Militar ou da Secretaria de Educação disponibiliza os recursos necessários para prover as demandas de manutenção e cumprir os objetivos pedagógicos das escolas.

A Diretoria de educação Escolar e Assistência Social, gestora de todo o Sistema de Educação Escolar da PMMG, recebe o aporte de recursos liberados pelo Comando da Corporação e os repassa às escolas de acordo com critérios e especialidades de cada uma. As unidades de CTPM são provisionadas com recursos orçamentário-financeiros para aquisição de material de consumo, incluindo de informática, e contratação de serviços técnico-especializados, pagamento de água, luz, telefone, xérox, manutenção de viaturas e continuidade das atividades diárias da escola. No que se refere ao material permanente, ou até mesmo a contratação de serviços de maior montante tais como construção e reforma das instalações, a Diretoria é o elo entre o Estado-Maior da PMMG, que gerencia os recursos e os repassa para o CTPM, de acordo com a disponibilidade e as prioridades de atendimento (CTPM, 2008).

A Secretaria de Estado da Educação de Minas Gerais (SEE/MG) é responsável pelo gerenciamento dos recursos oriundos do Fundo Nacional de Desenvolvimento da Educação (FNDE). Esses recursos são repassados pela União para as escolas, visando à manutenção de programas federais que foram descentralizados, como mencionado anteriormente na seção 2 dessa monografia, tais como: o Programa Nacional do Livro Didático (PNLD), o Programa Nacional de Alimentação Escolar (PNAE) e o Programa Dinheiro Direto na Escola (PDDE), sob a coordenação do Ministério da Educação e do Deporto (MEC) (CTPM, 2008).

Com relação ao recebimento de recursos financeiros provenientes da esfera estadual de governo para o Sistema de Educação Escolar da PMMG, tem-se que a SEE/MG repassa verbas que são destinadas à aquisição de material de consumo e permanente, mobiliário e equipamentos, reformas e ampliações das instalações e manutenção de provedor de *internet*. E ainda para a reprodução de provas do Programa de Avaliação da Aprendizagem do Sistema Mineiro de Avaliação Escolar

(SIMAVE), implementado pelo Governo de Minas, para verificação do nível do aprendizado nas escolas (CTPM, 2008).

Os recursos orçamentários e financeiros, provenientes do Estado, são repassados à PMMG, gerenciados pela DEEAS, que provisiona os CTPM com recursos para toda a manutenção das unidades. Os recursos da Secretaria de Educação – Provenientes do Estado ou da União, são repassados às caixas escolares dos CTPM, destinados às ações do processo educativo (CTPM, 2008).

Os Colégios Tiradentes da Polícia Militar de Minas Gerais contam também com recursos recebidos das Associações de Pais e Mestres, que conforme Estatuto próprio também são instituições jurídicas de direito privado, sem fins econômicos, auxiliares das escolas no que se refere a promoções de atividades administrativas, sociais e pedagógicas, bem como arrecadar recursos para complementar orçamento escolar. Os CTPM dão apoio financeiro, dentre outros, para a aquisição de material de apoio pedagógico, material permanente, complementação de merenda escolar, caso necessário e em aulas de reforço para os alunos. As associações são mantidas com recursos arrecadados de doações dos pais e de promoções diversas, tais como festas juninas (CTPM, 2008).

Algumas unidades de Belo Horizonte e da Região Metropolitana de Belo Horizonte também recebem recursos de complementação de merenda escolar, por meio de um convênio com a Associação Feminina de Assistência Social (AFAS), instituição jurídica sem fins lucrativos, presidida pela esposa do Comandante-Geral da PMMG e que promove atividades de cunho assistencial aos policiais militares da Corporação.

Com relação à origem e destinação de outros recursos financeiros e materiais recebidos pelas escolas dos sistemas de ensino regular das polícias militares do estado de Minas Gerais, cumpre destacar duas fontes:

– Recursos da Associação de Pais e Mestras – Doações voluntárias dos pais, sem definição de valores, destinadas à aquisição de material de apoio pedagógico, material permanente, melhoria da merenda escolar e em aulas de reforço para os alunos.

– Recursos da Associação Feminina de Assistência Social (AFAS) – São doados aos CTPM/BH e RMBH por meio de convênio e destinados à complementação da merenda escolar.

O atendimento à clientela nos Colégios Tiradentes da Polícia Militar de Minas Gerais (CTPM) foi definido pelo Decreto Estadual n.18.445, de 15 de abril de 1977, que aprova o Regulamento que estabelece a estrutura e competência das unidades da PMMG, onde, em seu artigo 34, incisos XIV e XV, determina a execução do ensino fundamental e médio ao pessoal da PM, seus dependentes legais e também aos dependentes de civis, neste último caso quando o número de alunos não preencher as vagas disponíveis.

Dentro desse padrão, a DEEAS, por meio de Instrução de Educação Escolar, regula anualmente o processo de seleção, inscrição e matrícula nos CTPM, e estabelece como prioridade de atendimento de vagas, ordenadas de forma descendente, primeiramente aos dependentes legais de policiais e bombeiros militares; servidores civis efetivos e efetivados da PMMG; netos de policiais e bombeiros militares; dependentes legais de servidores civis designados; e por último, dependentes de civis sem vínculos com a PM (CTPM, 2008).

As vagas disponibilizadas anualmente por meio de Edital a cargo de cada Colégio, obedecidas as prescrições da Instrução da DEEAS, são preenchidas através de processo seletivo na modalidade de sorteio, observadas as prioridades de atendimento. Somente se disponibiliza vaga para sorteio a uma segunda escala de prioridade caso tenha sido atendida toda a demanda da primeira escala. Ou seja, somente serão disponibilizadas vagas para o sorteio entre os dependentes de servidores civis efetivos e efetivados da PMMG, caso tenham sido atendidos todos os dependentes de policiais e bombeiros militares e ainda tenham vagas disponíveis, e assim sucessivamente. O preenchimento das vagas existentes por umas das prioridades encerra o processo seletivo para as prioridades subseqüentes.

No Regimento Interno do CTPM (2008) consta que o menor sob guarda ou tutela judicial constituídas do militar e o enteado inscrito como dependente legal do militar no Instituto de Previdência dos Servidores Militares da PMMG (IPSM) são inscritos no processo como dependentes legais de militares para fins de prioridade de atendimento. Não há cobrança de taxas de inscrição ou matrícula nos colégios.

Após a matrícula e inclusão dos alunos nas escolas, estes são contemplados com os livros didáticos fornecidos gratuitamente pelo Governo Federal por meio de Programa Nacional do Livro Didático (PNLD) para os alunos do ensino fundamental e com os livros do PNLDEM (Programa Nacional do Livro Didático do Ensino Médio) para os alunos do Ensino Médio. Nas disciplinas não contempladas com a distribuição do livro didático, tais como inglês, filosofia, sociologia e ensino religioso. É adotado um livro didático, a ser adquirido pelos pais. Neste caso a Associação de Pais e Mestres intermedia a compra e fornece os livros a preços módicos para os pais.

Com relação ao processo seletivo para a admissão de alunos nos colégios das polícias militares, nota-se que em todos há previsão de atendimento ao dependente legal do policial militar. Nos colégios da PMMG não há reservas de vagas para os militares e sim prioridade de atendimento aos seus dependentes legais, o que faz com que as vagas disponibilizadas possam a ser ocupadas apenas por filhos de militares, atendendo-se aos netos de militares ou filhos de civis servidores da PMMG ou não somente se sobrarem vagas.

O processo de seleção de alunos e material didático adotado nas escolas nos sistemas de ensino regular da polícia militar do estado de Minas Gerais, possui características peculiares que devem aqui ser mencionadas.

Não há cobrança de taxas de inscrição ou matrícula nos colégios. As escolas participam do Programa Nacional do Livro Didático (PNLD) e do PNLNEM (Programa Nacional do Livro Didático do Ensino Médio) (CTPM, 2008).

A PMMG, por meio da DEEAS, tem estimulado a execução de uma Plano de Desenvolvimento Escolar (PDE) pelos CTPM, que se traduz no seu próprio projeto ou minuta adotada para todas as escolas traz em seu bojo, dentre outros, a filosofia institucional, a finalidade, os objetivos, o gerenciamento e as funções dos Colégios Tiradentes, explicitando o compromisso coletivo com a formação do cidadão, traduzindo nas ações articuladas de todos os envolvidos no processo de escolarização. Cabe a cada unidade de CTPM a adequação da proposta às especialidades de sua comunidade escolar, tornando-o compatível com sua realidade, com definição de metas que se propõe desenvolver em um período de cinco anos, tanto na área administrativa quanto na pedagógica.

O PDE é atualizado anualmente, de forma a atender às novas demandas da escola, e tem como principal objetivo a análise colegiada de todos os aspectos identificados, com elaboração do Plano Anual da Direção a partir das definições das metas propostas nos estudos colegiados. A participação colegiada na construção do PDE é incentivada pela DEEAS, mas não há supervisão acerca do cumprimento desta orientação.

Com relação ao Plano de Desenvolvimento das Escolas dos Sistemas de ensino regular da polícia militar do estado de Minas Gerais, nota-se que este é feito a partir de minuta definida pela DEEAS para todos os CTPM, o PDE é desenvolvido por todas as unidades de ensino, com a definição de metas para até 05 anos, e Plano Anual de Ações da Direção (PAAD), com metas anuais, tanto na área administrativa quanto na pedagógica.

O Projeto Político Pedagógico (PPP) ou proposta pedagógica está inserido no PDE. Há orientação para que seja elaborado com a participação da comunidade escolar, por meio de reuniões do Colegiado.

O Regimento Interno dos Colégios Tiradentes da PMMG, da mesma forma que o PDE, é definido a partir de minuta formatada pela DEEAS para todas as unidades, na busca da manutenção do sincronismo das ações pedagógicas desenvolvidas no sistema de ensino regular da Corporação. As unidades fazem as adequações necessárias, especialmente no que se referem aos dados de identificação da escola, tais como o histórico, colhendo assinaturas dos diretores e dos membros do Colegiado Escolar.

Os critérios para a aprovação dos alunos, definido no Regimento Escolar, é o aproveitamento mínimo de 60% (sessenta por cento) do total das horas anuais.

Os estudos de recuperação, destinados aos alunos com dificuldade de aprendizagem e que não conseguirem a média mínima nas avaliações, são oferecidas nas formas de recuperação paralela, durante todo o período letivo, no momento em que se manifeste a deficiência ou conveniência pedagógica, e de recuperação final, após o término do período letivo regular. O CTPM adota também o Sistema de Progressão Parcial (dependência), oferecido ao aluno que, após a recuperação final, tenha ficado abaixo da média em dois conteúdos, com exceção das séries finais do ensino fundamental e médio. O aluno reprovado duas vezes numa mesma série perde o direito à renovação de matrícula na escola (CTPM, 2008).

Com relação as condições de aprovação dos alunos nas escolas nos sistemas de ensino regular da polícia militar do Estado de Minas Gerais, nota-se os seguintes critérios:

Critério para aprovação: 1. aproveitamento mínimo de 60% (sessenta pó cento) dos pontos em cada conteúdo da série; e 2. freqüência igual ou superior a 75% (setenta e cinco por cento) do total das horas anuais. Há progressão parcial de estudos (dependência) e aplicação de recuperação paralela (durante todo o período letivo regular) e de recuperação final. O aluno reprovado duas vezes consecutivas numa mesma série perde o direito à renovação de matrícula na escola (CTPM, 2008).

Aproveitamento escolar – média de 95% nas séries iniciais e de 90% nas séries finais do ensino fundamental e médio.

Os Colégios das polícias militares de Minas Gerais adotam o Sistema de Progressão Parcial (dependência), oferecido ao aluno que após, a recuperação final, tenha ficado abaixo da média em dois conteúdos. O aluno reprovado duas vezes numa mesma série perde o direto à renovação de matrícula em todos os sistemas de ensino pesquisados.

4.3 Resultados da entrevista

Os resultados apresentados abaixo foram obtidos através da realização de uma entrevista realizada com quatro componentes do corpo administrativo do Colégio Tiradentes – Unidade Santa Tereza. (diretora e especialistas em educação). A coleta de dados foi realizada com base em um roteiro semiestruturado especialmente elaborado para essa finalidade, apresentado no APÊNDICE B. A diretora entrevistada (D) possui 54 anos de idade e ocupa o cargo no Colégio Tiradentes há 6 anos. As especialistas em Educação (EE1, EE2, EE3) possuem respectivamente 56, 58 e 28 anos e o tempo médio de atuação no CTPM variou de 6 a 19 anos.

4.3.1 Da gestão democrática

Inicialmente foi questionado às entrevistadas o que entendiam por "gestão democrática".

A Diretora entrevistada mencionou que para ela é a organização do funcionamento da escola, quanto aos aspectos políticos, financeiros, administrativos, culturais e sobretudo pedagógicos. A gestão democrática, segundo a entrevistada, deve apresentar transparência em suas ações e atos, possibilitando a toda comunidade escolar a aquisição e transmissão do conhecimento, visando a garantia dos processos coletivos e participativos no desempenho do projeto pedagógico.

A Especialista em Educação (EE1) destacou que uma gestão democrática "tem como pressuposto a participação da comunidade escolar nos processos educacionais, na implementação de metas, objetivos, estratégias e procedimentos da escola". De forma complementar a entrevistada menciona que uma gestão democrática escolar deve ter o foco voltado para a qualidade do ensino.

Para a Especialista em Educação (EE2) uma gestão democrática "é uma forma de gerir uma instituição de maneira que possibilite a participação, transparência e exercício da democracia". Para ela, nas escolas, a gestão democrática está vinculada a esses princípios e a uma eleição participativa para a diretoria e corpo pedagógico.

Na opinião da Especialista em Educação (EE3) "a gestão democrática constitui-se basicamente na implementação de alguns componentes básicos correlacionados a instituição de práticas diretas e indiretas entre: escola, discentes, docentes e comunidade". Onde se leva em consideração, ações conjuntas e necessárias para o sucesso da instituição.

Nota-se que em geral todas as entrevistadas possuem uma boa base conceitual sobre o que vem a ser a gestão democrática pois segundo suas falas é possível perceber que as entrevistadas entendem que a gestão democrática está relacionada à descentralização do poder do estado e da delegação de tarefas com autonomia e qualidade, fazendo com que exista uma maior participação de todos os agentes envolvidos no processo educativo.

Tais considerações vão de acordo ao principio constitucional e de acordo com a visão de autores como Abu-Duhou (2002) e Tiezzi (2002) que consideram que a verdadeira gestão democrática vai além da desburocratização administrativa das escolas, ou seja, prevê a participação de alunos, professores, pais e da comunidade em geral nas decisões e planejamentos do sistema escolar, fazendo valer os princípios da democracia e da cidadania.

Questionou-se às entrevistadas como pode ser vista a relação entre a realidade atual do ensino brasileiro e a tradição da cultura do CTPM, marcada por hieraquia, burocracia e normas rigorosas.

Segundo a Diretora entrevistada (D) a hierarquia serve de estímulo ao estudo e na polícia é desenvolvido este processo que é demonstrado aos alunos através das patentes dos militares. Segundo ela, ao longo dos anos, as práticas burocráticas tem amenizado bastante e as normas, antigamente muito rigorosas não são mais tão cobradas. Por outro lado, a diretora menciona que apesar do CTPM ter sua própria proposta pedagógica e regimento ele se subordina às normas e prescrições do sistema e ao mesmo tempo obedece às Leis e Diretrizes da Educação Nacional e da Secretaria Estadual de Educação.

Para a Especialista em Educação (EE1):

> A realidade atual do ensino brasileiro propõe a flexibilização das ações escolares, no que se refere à verificação do rendimento escolar e principalmente no que se refere à reprovação de alunos. As políticas públicas voltadas para a educação têm focado suas ações no resgate da qualidade da educação.

Ao relacionar essa realidade com o CTPM, a entrevistada mencionou que estes atuam dentro das diretrizes da Secretaria de Educação de MG em conjunto com as especificidades do Sistema de Educação Escolar da Polícia Militar. Nesse caso, com relação a hieraquia e aos sistemas de disciplina a entrevistada acredita que mesmo com o advento da gestão democrática não haverá qualquer tipo de mudanças mas espera que a PMMG e o CTPM promova mudanças na burocracia, principalmente no que se refere à administração e gestão financeira e de pessoal do CTPM.

Na opinião da Especialista em Educação EE2:

> O ensino brasileiro há muitos anos passa por problemas sérios e bastante discutidos. O professor tem como principal tarefa, disseminar o conhecimento, porém, tem dividido seu tempo para desempenhar atividades que não deveriam estar no seu dia a dia. Eles passaram a ter funções que na verdade, são de psicólogos, assistentes sociais e até de país. Os colégios militares mesmo com sua tradição não são diferentes de nenhuma escola brasileira e passam pelos mesmos problemas sociais.

Para EE3 seria necessária uma reestruturação da cultura tradicionalista dos Colégios, mantendo a essência (regimentos e normas disciplinares). Temos um excelente exemplo desta mudança no Colégio Militar de Belo Horizonte. Nesta instituição, pelos relatos divulgados, buscou-se atualizar as diretrizes pedagógicas dentro das perspectivas do ENEM, vestibulares e concursos, sem deixar de lado a rigidez necessária e principalmente o empenho para dedicação aos estudos.

De uma maneira geral é possível perceber que a questão da hierarquia citada pelas entrevistadas não se refere à administração em geral do CTPM mas sim com relação aos sistemas disciplinares do Regimento Interno das unidades. A esse respeito é preciso levar em consideração que mesmo com significativas mudanças, a relação professor e aluno, de acordo com a visão de Biase (2009) ainda deve ser resguardada e mantida a ética e o respeito.

Na grande maioria das escolas, mesmo as escolas ditas tradicionais os princípios e diretrizes de disciplina e hierarquia ainda são mantidos, independentemente do modelo de gestão adotado na administração da escola.

O que se vê, através das falas das entrevistadas é uma resistência da PMMG em delegar tarefas dentro da administração geral das unidades do CTPM. Este sim, é um fator que de acordo com a visão de Bergot e Nascimento (2002) e Cury (2002; 2008), por exemplo, dificulta significativamente a efetivação da gestão democrática nessas instituições.

No que se refere às adaptações que o CTPM passou e tem passado para se adaptar à nova realidade da gestão democrática, no ponto de vista da Diretora entrevistada o colégio tem passado por algumas adaptações relevantes, mas estas estão ligadas basicamente ao objetivo de proporcionar aprendizado e crescimento aos alunos, tais como:

- – Aumento do número de profissionais especialistas em educação;
- – Melhorias nas salas de informática;
- – Capacitação dos professores e ampliação da biblioteca;
- – Realização de concursos internos para a designação de professores e pedagogos;
- – Realização de planejamento estratégico no inicio do ano letivo para a determinação de ações e metas para a aprendizagem dos alunos;
- – Atendimento psicológico ao aluno.

Na narrativa da Especialista em Educação (EE1) "com a implementação da escola democrática e inclusiva, o sistema de educação escolar da PMMG adequou os Colégios Tiradentes alterando algumas partes do seu regimento escolar, considerando:

- A entrada de alunos através de sorteio;
- Oportunidade de recuperação no sistema de avaliação com a adoção da recuperação paralela, estudos autônomos e estudos suplementares;
- Adequação da aprendizagem dos alunos com necessidades educacionais especiais;
- Utilização do processo de ensino aprendizagem para atender as novas demandas sociais;
- Valorização dos profissionais da educação.

Ainda com relação às adaptações promovidas pelo CTPM, a Especialista em Educação EE2 cita que observou a criação do departamento de psicologia, PAP/PNE, acolhimento dos alunos com deficiências motoras, auditivas e outras, aumento do número de especialistas, melhorias da biblioteca, realização de eleição para a diretoria, contratação de assistentes de turno civis, concurso interno para contratação de professores especialistas, ampliação e melhorias nas salas de informática.

Nota-se que das mudanças e adaptações citadas acima, as que mais condizem com os princípios da gestão democrática e podem ser apontadas como um avanço do CTPM nesta direção estão relacionadas às mudanças no sistema de sorteio para a entrada dos alunos na instituição e na realização dos planejamentos estratégicos anuais.

As demais, estão relacionadas diretamente com melhorias na qualidade do ensino ofertado e no atendimento às necessidades e demandas atuais do sistema educacional.

Na opinião da Especialista em Educação EE3 "por enquanto, ainda falta uma longa trajetória para essas mudanças. Paradigmas não se mudam da noite para o dia. E mesmo gradativamente, ainda são imperceptíveis tais modificações".

No que se refere à possíveis mudanças na autonomia delegada aos professores após o advento da gestão democrática, a Diretora entrevistada menciona apenas que o corpo docente e pedagógico do CTPM tem se adaptado às novas propostas educacionais, mas ainda prevalece a hieraquia e o sistema adotado no colégio.

Na opinião da Especialista em Educação (EE1):

> Com a abertura da escola surgiram turmas bastante heterogêneas. Considerando que tem-se estimulado a diversificação dos processos de ensino para o alcance da aprendizagem de todos os alunos, o professor tem hoje mais autonomia para o desenvolvimento de sua prática.

Para EE2 não houve mudanças, pois tudo é seguido pelo PPP e Regimento Interno do CTPM.

Opinando sobre a autonomia delegada aos professores após as implementações realizadas pelo CTPM para se adequar às diretrizes da Escola e da Gestão democrática, EE3 diz que:

> A limitação, ou melhor, tentativa de mudança, tornou extremamente confusa a autonomia dos docentes. Em determinadas circunstâncias eles na busca pela escola ideal deixam de lado aspectos necessários para a formação dos discentes. A liberdade tornou-se momentaneamente um caminho distorcido e poucos levam com seriedade e buscam mudanças.

A questão da autonomia dada aos professores e a delegação de poderes na gestão escolar é um dos assuntos mais debatidos por autores que descrevem sobre a gestão democrática, tais como Hora (1994), Libâneo (2005) e Cury (2008). Para estes autores, o papel do professor ainda é secundário nas decisões administrativas da escola e a gestão democrática só ocorrerá de fato com a maior participação destes em todos os processos e tomadas de decisão no ambiente escolar, pois o professor é o verdadeiro elo entre o aluno, suas necessidades e realidade vivida, a escola e o conhecimento. Assim, os autores concluem que este é o profissional adequado para auxiliar na elaboração de planos estratégicos e nas tomadas de decisão que envolvem o ensino e o conteúdo dado aos alunos.

Sobre mudanças na relação com os alunos (professores e alunos, corpo pedagógico e alunos, diretoria e alunos), a Diretora entrevistada menciona não ter identificado nenhum tipo de alteração após o advento da gestão democrática e das adaptações já realizadas no CTPM para se adequar a essa nova proposta. Mas, segundo a entrevistada "qualquer mudança que traga melhorias, favorece o ambiente em todos os sentidos. Os alunos, já estão bem cientes com relação às normas internas do CTPM" (D).

Para EE1 a abertura no sistema e a oportunidade de recuperação tem feito com que os alunos se dediquem menos aos estudos e a relação entre uma parte desses alunos e os professores tem sido prejudicada embora existam regras disciplinares, EE1 destaca que sempre ocorrem atritos.

Na opinião da Especialista em Educação EE2, os alunos receberam bem todas as adaptações "mesmo porque não conheciam a escola do passado". Segundo a entrevistada, todas as adaptações representaram um ganho para a escola, no sentido de propiciar a todos uma boa acolhida e um melhor desempenho.

Para a Especialista em Educação EE3 a relação também está em conflito, observamos que hoje tanto família quanto alunos confundem liberdade e libertinagem. Neste emaranhado de relações a hierarquia do professor vai desaparecendo.

A Diretora não identificou mudanças na relação entre o CTPM e os pais dos alunos. Por outro lado, destaca que uma gestão democrática "facilita o contato com os pais" e a contratação de profissionais especializados feita pelo CTPM melhorou a disponibilidade e o número de atendimentos realizados. Desse modo, há uma comunicação mais eficaz entre o CTPM e os pais dos alunos, segundo a opinião da Diretora entrevistada.

Na opinião da Especialista em Educação EE1 atualmente o percentual de pais comprometidos com o processo educacional de seus filhos é muito pequeno. Segundo a entrevistada, a maioria dos pais só comparece na escola quando convocados, portanto, não questionam a qualidade da educação ofertada pela escola e poucos têm conhecimento sobre características detalhadas do sistema de ensino do CTPM.

Já na opinião da Especialista em Educação EE2: "os pais militares são muito questionadores, mas receberam bem as adaptações porque todas elas visam um crescimento e melhoria da qualidade do ensino proporcionado a seus filhos".

Nota-se que em geral a participação dos pais na vida e no desenvolvimento escolar dos filhos ainda não é efetiva segundo a visão das entrevistadas. Tal questão dificulta a efetivação da gestão democrática que tem em seu principio a real participação dos pais e da comunidade nos processos e decisões escolares.

No caso do CTPM é preciso considerar que em muitos casos os pais dos alunos comparecem na escola apenas quando são chamados oficialmente, sendo intimados como policiais e notificados a comparecer na escola em um prazo de 24 horas.

No que se refere a alguma resistência por parte da PMMG no que se refere à introdução de propostas e diretrizes da gestão democrática no CTPM, a Diretora menciona não ter identificado nenhum tipo de resistência e acredita que a PMMG também deve acompanhar as mudanças ocorridas na educação e na sociedade em geral.

Na opinião de EE1 a maior resistência da PMMG está na abertura do CTPM para um maior número de alunos que não são filhos de militares. Segundo a entrevistada a PMMG acredita que por uma questão de manutenção do sistema, a oferta deveria garantir inicialmente a TODOS os filhos de militares vagas no CTPM para depois abrir as vagas restantes para os demais alunos.

Para EE2, o fato da comandante geral do CTPM ser mulher foi um tipo de resistência encontrado pela PMMG. Além disso, o aumento do número de professores e especialistas civis também encontrou resistência por parte do comando da PMMG.

Para a Especialista em Educação EE3 as mudanças esbarram principalmente nas normas e regras militares (condutas, uniformes, reflexões, entre outros). Mudanças pedagógicas não estão associadas necessariamente a estes aspectos. Escolas da rede privada de ensino não utilizam-se destes meios e possuem destaques entre as principais avaliações no país. A utilização de recursos também não é exclusivamente a fórmula para o sucesso. Falta reestruturação geral: formação professores, delegação de responsabilidades aos alunos, orientação familiar, entre outros.

Quando foram questionadas sobre as semelhanças existentes entre o CTPM e as escolas tradicionais, a Diretora entrevistada mencionou que na sua opinião as principais semelhanças estão na hierarquia existente, no corpo de profissionais, na estrutura organizacional administrativa e na exigência atual de capacitação dos professores e demais membros da equipe pedagógica.

Para a Especialista em Educação EE1 os CTPM têm como semelhança com as escolas ditas tradicionais, a preservação da disciplina no âmbito escolar, a organização do tempo escolar em séries e a manutenção da qualidade do ensino ofertada.

EE2 também cita a hierarquia, a burocracia e as normas rígidas como sendo as principais semelhanças entre o CTPM e as escolas tradicionais.

Levando em consideração a teoria apresentada ao longo deste estudo pode-se dizer que tais características não impedem, mas dificultam a efetivação da gestão democrática e devem ser revistas pela administração geral do CTPM.

A Especialista em Educação EE3 mencionou na pesquisa que as semelhanças percebidas por ela estão na utilização de "alguns" mecanismos avaliativos ineficientes, conteúdos desnecessários (para concursos, vestibulares), despreparo dos docentes (sendo que alguns destes, julgam-se os únicos detentores do saber)

Com relação às diferenças entre o CTPM e as escolas tradicionais verificou-se que na opinião da diretora a principal é a norma interna (normas disciplinares), já que o CTPM possui um regimento interno diferente das escolas tradicionais pois apresenta inúmeras características da disciplina militar.

Para EE1 as principais diferenças detectadas, na sua opinião está na gestão. Segundo a entrevistada:

A diferença da gestão dos Colégios Tiradentes com as escolas ditas tradicionais é que ela é dividida, tendo como Diretor Administrativo um comandante militar e na Direção Pedagógica um servidor civil da educação. Nas escolas tradicionais todos são civis e ocupam cargos de acordo com seu grau de profissionalização, experiência e desempenho.

Na opinião de EE2, nas escolas tradicionais, o aluno interage mais com os professores e não é tão passivo a ele. Recebe informações e pode questioná-las e criticá-las. E na opinião da Especialista em Educação EE3 as diferenças são basicamente a existência do simulado (especificamente) e os trabalhos buscando o coletivo, liberdade quando necessário que são mais visíveis nas escolas ditas tradicionais.

Finalmente quando questionadas sobre que tipo de modelo seria ideal para uma eficaz gestão escolar, a Diretora entrevistada mencionou que seria uma proposta baseada na "gestão democrática, escolhida pelos funcionários após a apresentação do projeto político pedagógico".

Na opinião da Especialista e Educação EE1, para uma gestão escolar eficaz, são necessários os seguintes elementos:

– Enfoque pedagógico do diretor;
– Ênfase nas relações humanas;
– Criação de um clima positivo de trabalho;
– Ações com metas claras, realizáveis e relevantes;
– Disciplina em sala de aula garantida pelos professores;
– Capacitação continuada;
– Acompanhamento sistemático das atividades escolares.

Um modelo ideal de gestão para uma escola, na opinião de EE2 seria aquele que adotasse práticas de ensino que garantam a aprendizagem e o crescimento dos alunos e dos profissionais. Segundo a entrevistada "não existe um modelo ideal, mas um bom gestor deve ser líder, deve ser bem informado, ter capacidade administrativa e habilidade de criar um clima positivo de trabalho"

Finalmente na opinião da Especialista em Educação (EE3) o modelo ideal ainda não existe, estamos a procura; muito sabemos sobre sua principal característica, pouco se utiliza na prática. "Basicamente seria necessária a efetiva aplicação da gestão democrática na escola onde existisse a escuta por parte da equipe pedagógica e administrativa das demandas dos alunos e comunidade e suas implantações dentro do possível" (EE3).

De uma maneira geral e com base na literatura pesquisada, pode-se concluir que não há um modelo ideal para a efetivação da gestão democrática. Mas, com base nos estudos de Bergot e Nascimento (2002), Dourado (2007) Cury (2008), dentre outros, a gestão democrática necessita ser baseada em algumas premissas tais como a autonomia, a participação cidadã e a busca pela melhoria continua e obtenção do conhecimento.

No Quadro 1 apresentado abaixo encontra-se um resumo dos principais pontos fortes e fracos do CTPM citado pelas entrevistadas:

QUADRO 1 – Pontos fortes e fracos do CTPM segundo as entrevistadas

Entrevistada	PONTOS FORTES	PONTOS FRACOS
D	Competência; Compromisso; Dinâmica	Hieraquia exagerada; Salários defasados.
EE1	Acompanhamento contínuo do diretor pedagógico; Capacitações voltadas para questões pedagógicas; Ações desenvolvidas pautadas em metas definidas de forma clara e variáveis de realização.	Falta de suporte técnico quanto à situação funcional dos servidores da educação da PMMG quanto à definição dos direitos, concessão de benefícios e movimentação de pessoal; Dificuldades em administrar o alto grau de absenteísmo dos professores; Dificuldades em implementar as ações definidas no Plano de Ação Pedagógica de forma eficiente em todos os âmbitos da escola.
EE2	Comandantes e diretores competentes; Serviço de psicologia atuante; Professores especializados;	Troca excessiva de professores; Grande número de alunos nas turmas; Falta de adaptação do

	Biblioteca eficaz Professores PAP e PNE	profissional na escola devido às normas rígidas.
EE3	Reestruturação Administrativa-Pedagógica do Colégio; Utilização de algumas normas e regras militares que se bem organizadas poderão contribuir para o sucesso da instituição; Distribuição de funções e capacitação para docentes.	Falta a gestão democrática; Inexistência de reestruturação da escolha de diretores; Falta qualificação necessária para determinadas funções.

Com base nas respostas das entrevistadas nota-se que o CTPM apresenta um corpo administrativo e bem capacitado para desenvolver uma gestão eficaz. Além disso conta com uma estrutura física que atende as necessidades dos professores e alunos em geral. Mas, o que de fato precisa ser reestruturado é a antiga visão de comando e controle ainda existente na administração da escola pois tal questão dificulta a participação e autonomia dos professores, diminui seu nível de motivação e causa uma série de barreiras para a efetivação da gestão democrática.

5 CONSIDERAÇÕES FINAIS

A presente dissertação de mestrado teve como objetivo geral analisar a gestão de uma instituição escolar que tem perfil, função e símbolos militares, identificando aspectos que se relacionam ao Principio Constitucional da Gestão Democrática. Para que o citado objetivo fosse atingido foram propostos tópicos específicos que constaram de objetivos teóricos e práticos.

Em primeiro lugar, cabe dizer que ao longo do século XX e nas primeiras décadas do século XXI, o sistema educacional brasileiro passou (e tem passado) por profundas e importantes modificações mas o mais relevante é entender que o sistema passou de um sistema baseado na burocracia e no autoritarismo para um sistema educacional baseado na autonomia, descentralização de poderes e democracia.

Este é o chamado Principio da Gestão Democrática e este foi devidamente contemplado através da Constituição Brasileira (sendo considerado um Principio Constitucional) e através da Lei de Diretrizes e Bases do Sistema Educacional Brasileiro.

O Principio da Gestão Democrática significa que o atual sistema educacional possui bases para prever a participação de todos os envolvidos na educação o que inclui alunos, pais, comunidade e todos os sujeitos envolvidos na administração escolar, ou seja, diretores, supervisores, gestores e inspetores escolares, além obviamente dos professores.

Por outro lado, além das escolas ditas "tradicionais", o sistema educacional Brasileiro possui escolas com características militares que foram introduzidas no Brasil na década de 30, inicialmente com o objetivo maior de atender os filhos de militares, promovendo uma educação completa e de qualidade nos diversos Estados do País.

É fato que as escolas militares, assim como as demais, são regidas também pela Constituição e pela LDB, mas, guardam características peculiares principalmente por possuírem um regimento interno que determina as diretrizes de funcionamento, atividades e disciplina escolar, sistema de avaliação e principalmente os modelos de gestão administrativa.

Nesse contexto, foi objetivo desta dissertação descrever o modelo de gestão atual do sistema educacional de uma organização militar, o Colégio Tiradentes da Política Militar e foi tomada como unidade de análise o CTPM localizado no Bairro Santa Tereza – BH.

Verificou-se que o CTPM Santa Tereza possui o mesmo modelo de gestão adotado na maioria das unidades do CTPM de Minas Gerais e do Brasil e este ainda mantém a figura do comandante como primeiro e mais importante cargo na estrutura hierárquica.

Contudo, diante das inúmeras transformações ocorridas na sociedade e no sistema educacional o CTPM já realizou uma série de mudanças e adaptações em seu modelo de gestão. Em primeiro lugar verificou-se que existem cargos de supervisão e diretoria ocupados por civis, o que não era comum há menos de 20 anos atrás.

Por outro lado, nota-se que embora existam setores destinados a participação de alunos, professores e da comunidade em geral, as decisões gerais ainda são tomadas pelo comando geral em conjunto com o conselho de ensino (formado por professores especialistas) e pelo conselho de classe (formado pelos professores em geral). Nesse caso, pode-se dizer que o gestor principal (comandante) ainda ocupa uma posição centralizadora nos processos de tomada de decisão e de forma conclusiva, pode-se dizer que no que se refere à delegação de tarefas, autonomia e participação, o CTPM ainda não obteve plenitude na aplicação dos princípios da gestão democrática.

Por outro lado são inúmeros os avanços que já foram promovidos nas unidades do CTPM para que tais escolas adquiram um caráter mais participativo e democrático. Uma das mais relevantes identificadas ao longo desta pesquisa foi a mudança no sistema de seleção dos alunos. A rede, ampliou o número de vagas destinados à população em geral e alterou o sistema de seleção, dando as mesmas condições de entrada na escola tanto para os filhos de militares como para qualquer aluno que queira ingressar no CTPM.

Através da realização de entrevistas com professores especialistas em educação verificou-se que o CTPM tem ampliado o espaço de comunicação entre a comunidade (pais de alunos) e a equipe pedagógica. Contudo, essa participação ainda é muito pequena o que leva a dizer que a comunidade também deve fazer sua parte para a efetivação da gestão democrática e os pais dos alunos deveriam participar mais ativamente das decisões e planos desenvolvidos pelo CTPM.

De maneira conclusiva e de acordo com a literatura pesquisada pode-se dizer que a educação hoje é apontada como pré-requisito para se alcançar a competitividade na produção nos diversos setores da economia e ampliar o conceito de cidadania na população.

A escola está a serviço da aprendizagem do aluno e acima de tudo é um espaço onde se exerce a construção da democracia social. Assim sendo, para que a educação escolar cumpra essa função, a ação pedagógica de qualidade e a gestão democrática participativa devem estar inseridas na administração escolar.

De acordo com os teóricos estudados, para alcançar uma experiência bem sucedida de gestão participativa é necessária a existência de um ambiente político pedagógico favorável, expresso por um plano de ação consistente e, principalmente, de um planejamento elaborado com base na legislação vigente, em que se priorizem as orientações básicas capazes de sustentar e dinamizar a cultura das escolas.

Neste contexto acredita-se que nas escolas militares brasileiras e em especial nos Colégios Tiradentes a efetivação da gestão democrática necessita superar principalmente a burocracia e a pedagogia tradicional ainda bastante presente na elaboração do PPP dessas escolas e principalmente modificar a estrutura hierárquica interna, valorizando a participação de professores, alunos e da comunidade em geral não apenas na elaboração do PPP, mas em ações de interesse onde o objetivo maior é proporcionar crescimento, aprendizado e desenvolvimento social aos alunos dessas unidades.

Finalmente cabe dizer que diante dos desafios ainda presentes no CTPM para a real efetivação da gestão democrática surgiu a idéia de elaborar um manual contendo conceitos, princípios, modelos e características dessa gestão para que o atual comando e os professores da instituição ampliem seus conhecimentos sobre o tema e utilizem esses princípios na prática da gestão e do processo ensino / aprendizagem.

REFERÊNCIAS

ABU-DUHOU, I. **Uma gestão mais autônoma das escolas**. Brasília: UNESCO, IIEP, 2002.

ALARCÃO, Isabel. **Escola reflexiva e nova racionalidade**. Porto Alegre: Artmed, 2001

ARANHA, Maria Lúcia de Arruda. **História da Educação**. 2. ed. rev. e atual. São Paulo: Moderna, 1996.

BARBOSA, Maria Rita Leal da Silveira. **Inspeção Escolar**: um olhar crítico. Rio de Janeiro: Composer Ltda, 2008.

BARDIN, L. **Análise de conteúdo**. Lisboa: Edições Setenta, 1979.

BASTOS, Celso Ribeiro. **Curso de teoria do Estado e ciência política**. São Paulo: Saraiva, 1985.

BEGOT, Márcia Gleyb dos Santos; NASCIMENTO, Maria José Cardoso. **Gestão escolar em uma perspectiva democrática**. [Dissertação de Mestrado]. Universidade de Belém do Pará, 2002.

BIASE, Érika Giareta. **O papel do gestor escolar no processo democrático**. 2009. Disponível em: http://edivanioavila.wordpress.com/2009/11/26/o-papel-do-inspetor-escolar/. Acesso em 12 de janeiro de 2012.

BOBBIO, Norberto. **O Futuro da Democracia**. Rio de Janeiro: Editora Paz e terra, 2002.

BRASIL. **LEI Nº 9.394 de 20 de dezembro de 1996**. Estabelece as diretrizes e bases da educação nacional. Disponível em: http://portal.mec.gov.br/s eesp/arquivos/pdf/lei9394_ldbn1.pdf. Acesso em 12 de janeiro de 2012.

BRASIL. Constituição. 1988. **Constituição da República Federativa do Brasil (Atualizada)**. Brasília: Congresso Nacional, 1988. Disponível em <HTTP://www.senado.gov.br.>. Acesso em: 16 jun. 2012.

BRASIL. Lei nº 9.394, de 20 de dezembro de 1996. Estabelece as **Diretrizes e Bases da Educação Nacional**. Brasília. D.O.U.1996.

CARVALHO NETTO, Menelick de. Requisitos Pragmáticos da Interpretação Jurídica sob o Paradigma do Estado Democrático de Direito. **Revista de Direito Comparado**. v. 3, Belo Horizonte: Mandamentos, 2000.

CTPM. Colégio Tiradentes da Polícia Militar. **Regimento Interno**. 2008. Disponível em: <https://www.policiamilitar.mg.gov.br/portal-pm/ctpm/conteudo.action?conteudo=325&tipoConteudo=destaque>. Acesso em 10 dez. 2012.

CURY, Carlos **Roberto Jamil**. **Gestão Democrática da Educação: exigências e desafios**. **Revista Brasileira de Política e Administração da Educação**, Porto Alegre: **ANPAE**, v. 18, n. 2, p. 163-174, jul./dez. 2002.

CURY, Carlos Roberto Jamil. Gestão Democrática dos sistemas públicos de ensino. In: OLIVEIRA, Maria Auxiliadora Monteiro (Org.). **Gestão Educacional:** novos olhares, novas abordagens. 5. Ed. Petrópolis, RJ: Vozes, 2008.

DAYRELL, J. A escola como espaço sócio cultural. In: DAYRELL, J. (org.) **Múltiplos olhares sobre educação e cultura**. Belo Horizonte: UFMG, 1996.

DELLAGNELO, E. H. L.; SILVA, C. L. M. Novas formas organizacionais: onde se encontram as evidências empíricas de ruptura com o burocrático de organizações? **Organizações & Sociedade**, [S.l.], v. 7, n. 19, p. 19-33, 2000.

DELORS, J. **EDUCAÇÃO:** Um tesouro a descobrir. Cortez Editora/ MEC/ Unesco, 2001.

DI PIETRO, Maria Sylvia Zanella. Participação Popular na Administração Pública. **Revista Trimestral de Direito Público**. São Paulo, n. 1, 2003.

DOURADO, Luiz Fernandes. Políticas e gestão da educação básica no Brasil: limites e perspectivas. **Rev.Educ. Soc.**, Campinas, v.8, n 100 – Especial, p.921-946, out. 2007.

FERRAZ JÚNIOR, Tércio Sampaio. **Constituinte. Assembléia. Processo. Poder**. São Paulo: Revista dos Tribunais, 1985.

FERREIRA, Brasília Carlos. **Trabalhadores e cidadania:** metamorfose sindical. São Paulo. 2001.

FONSECA, Gilberto Nardi. A participação popular na Administração Pública: audiências públicas na elaboração e discussão dos planos, lei de diretrizes orçamentárias e orçamentos dos municípios. **Revista de informação legislativa**. Brasília, n° 40, n° 160. out./dez. 2003.

FONTES, Carlos. **Navegando na Filosofia**. Portugal, 1998. Disponível em <http://educaterra.terra.com.br/voltaire/mundo/declaracao.htm> Acesso em: 11 nov. 2012.

FREIRE, Paulo **Pedagogia da autonomia**: saberes necessários à prática educativa. São Paulo: Paz e Terra, 1997.

GADDOTI, Moacir. **Dimensão política do projeto pedagógico**. Minas Gerais: SEED, 2001. (Apostila).

GIL, Antônio C. **Métodos e Técnicas de Pesquisa Social**. São Paulo: Atlas, 2010.

GODOY, A. S. Introdução à pesquisa qualitativa e suas possibilidades. **Revista de Administração de Empresas**, São Paulo, v. 35, n. 2, p. 57-63, mar/abr 1995.

GOULART, Íris Barbosa. et al.**Gestão de instituição de ensino superior**: tória e prática. 2. ed. Curitiba: Juruá, 2009.

HORA, Dinair Leal. **Gestão democrática na escola**. São Paulo: Papirus, 1994.

LIBÂNEO, José Carlos. **Educação escolar**: política, estrutura e organização. 2. ed. São Paulo: Cortez, 2005.

LÜCK, Heloisa. Gestão escolar e formação de gestores. **Revista em Aberto, Brasília**, v. 17, n. 72, p. 1-195, fev./jun. 2000.

LÜCK, Heloisa. **Dimensões de gestão escolar e suas competências**. Curitiba: Positivo, 2009.

LÜDKE, M.; ANDRÉ, M. E. D. A. **Pesquisa em educação**: abordagens qualitativas. São Paulo, EPU, 1986.

MACEDO, Renato Luiz Grisi. **Percepção e conscientização ambientais**. Lavras - MG: UFLA/FAEP, 2000.

MELLO, Celso Antônio Bandeira de. **Curso de direito administrativo**. 13. ed. São Paulo: Malheiros, 2001.

MERRIAM, S. B. **Qualitative research in practice**: examples for discussion and analysis. San Francisco: Jossey-Bass, 2002.

MILESKI, Hélio Saul. Controle Social: um aliado do controle oficial. **Revista Interesse Público**. a. 8, n.36, mar/abr. 2006.

NASCIMENTO, Dinalva Melo do. **Metodologia do trabalho científico**: teoria e pratica. Rio de Janeiro: Forense, 2005.

NOGUEIRA, José Carlos Ataliba. **Lições de teoria geral do Estado**. São Paulo: Revista dos Tribunais, 1999.

OLIVEIRA et al. Educação, **Gestão e Organização Escolar**: concepções e tendências atuais. São Paulo: Cortez, 2004.

PARENTE, Marta Maria; LUCK, Heloisa. **Mapeamento da descentralização da educação brasileira nas redes estaduais de ensino fundamental**. Rio de Janeiro: IPEA, out. 1999. Texto para discussão n. 675.

PMMG. Polícia Militar de Minas Gerais. **Institucional**. 2012. Disponível em: <https://www.policiamilitar.mg.gov.br/portalpm/conteudo.action?conteudo=1154&tipo Conteudo=itemMenu>. Acesso em: 10 dez. 2012.

RICHARDSON, R. J. **Pesquisa social**: métodos e técnicas. São Paulo: Atlas, 1999.

ROMANELLI, Otaíza de Oliveira. História da educação no Brasil. 11. ed. Petrópolis: Vozes, 1989.

SALVETTI NETTO, Pedro. **Curso de Teoria do Estado**. 4ª ed. São Paulo: Saraiva, 1981.

SILVA, Edna Lúcia da. **Metodologia da pesquisa e elaboração de dissertação**. 3. ed. rev. atual. – Florianópolis: Laboratório de Ensino a Distância da UFSC, 2001.

TIEZZI, Sérgio. **Uma nova gestão na educação brasileira: as mudanças reais**. In: CONGRESSO INTERNACIONAL DEL CLAD SOBRE LAREFORMA DEL ESTADO Y LA ADMINISTRACIÓN PÚBLICA,7, 2002, Lisboa. [Portugual:CLAD, out. 2002].

VERGARA, Sylvia Constant. **Projetos e relatórios de pesquisa em administração**. São Paulo: Atlas, 2007.

YIN, R.K. Estudo de caso. **Planejamento e métodos**. 3. ed. Porto Alegre: Bookman, 2005. 212 p.

APÊNDICE A– ROTEIRO PARA A COLETA DE DADOS

PLANILHA DESTINADA AO LEVANTAMENTO DOS ASPECTOS
ADMINISTRATIVOS E PEDAGÓGICOS DA GESTÃO ESCOLAR.

Senhora Ten Coronel PM Diretora de Ensino

Como aluna do curso de Mestrado Profissional com ênfase em Gestão de Sistemas Educacionais da Faculdade de Estudos Administrativos de Minas Gerias – FEAD, estou realizando uma pesquisa, já autorizada, cujos dados coletados deverão dar subsídios à minha dissertação, uma das exigências para a conclusão no curso e a obtenção do título de Mestre em Administração de Sistemas Educacionais.

O meu objeto de pesquisa é a gestão democrática da educação escolar numa instituição militar, sendo meu objetivo analisar quais os impactos da adoção do modelo democrático sobre a gestão de uma escola militar.

Na busca desse objetivo, necessito de informações relativas a aspectos administrativos e pedagógicos que identificam o modelo de gestão adotado nessa instituição, para que possa analisar as ações institucionais e educativas que colaboram para o cumprimento dos princípios de gestão democrática definidos constitucionalmente.

Para tanto, conto com a imprescindível e valorosa colaboração de V. Sª no preenchimento das planilhas que se seguem anexas, bem como da disponibilização de todo o arcabouço legal e normativo que possa subsidiar meus estudos, se possível, por meio eletrônico.

Quaisquer dúvidas com relação ao preenchimento das planilhas podem ser sanadas pelo endereço eletrônico ziporabarbosa@yahoo.com.br.

Atenciosamente,

ZÍPORA GOMES DE ABREU BARBOSA
Mestranda em Administração

ASPECTOS ADMINISTRATIVOS				
Normas e Legislações	Institucional	Indicação de diretores	Corpo docente e pedagógico	Plano de carreira
Leis, decretos e funcionamento	Organograma	Critérios para a escolha dos diretores	Critérios para a seleção e composição	Critérios

ASPECTOS PEDAGOGICOS				
Seleção de alunos	Material didático	PPP	Colegiado	Grêmio Estudantil
Processo seletivo, legislação, provas etc	Participação nos programas nacionais – Elaboração de material próprio	Participação da comunidade	Composição, atribuições funcionamento	Composição, atribuições funcionamento

ASPECTOS PEDAGOGICOS				
Associação de professores	Associação de pais	Aprovação reprovação	Avaliação do governo	Autonomia
Composição, atribuições funcionamento, orçamentos	Composição, atribuições funcionamento, orçamentos	Critérios, condições, índices, tabelas etc	Critérios, periodicidade	Participação dos professores em todos os quesitos mencionados.

APÊNDICE B - ROTEIRO PARA A REALIZAÇÃO DE ENTREVISTA

1. DADOS PESSOAIS

- Idade do entrevistado: _____

- Função que ocupa no Colégio Tiradentes: _____

- Tempo que ocupa o cargo: _____

- Patente da PMMG: _____

QUESTÕES

1. O que o senhor (a) entende por Gestão Democrática?

2. Como o senhor (a) vê a relação entre a realidade atual do ensino brasileiro e a tradição da cultura dos Colégios Militares, marcada por hierarquia, burocracia e normas rigorosas?

3. Que tipo de adaptações o Colégio Tiradentes, na sua opinião passou (e tem passado) para se adaptar a essa nova realidade?

4. Como tem sido a autonomia delegada aos professores após essas adaptações?

5. Como tem sido a relação com os alunos após essas adaptações?

6. Como tem sido a relação com os pais e a sociedade em geral após essas adaptações?

7. Que tipo de resistências por parte da PMMG foram encontradas para que adaptações no modelo de gestão do Colégio Tiradentes fossem implantadas?

8. Que tipo de semelhanças a atual gestão do Colégio Militar possui com as escolas ditas tradicionais?

9. Que tipo de diferenças a atual gestão do Colégio Militar possui com as escolas ditas tradicionais?

10. Qual o modelo ideal para uma eficaz gestão escolar?

11. Cite três pontos fortes relacionados à atual gestão do Colégio Tiradentes

12. Cite três pontos fracos relacionados à atual gestão do Colégio Tiradentes

CPSIA information can be obtained
at www.ICGtesting.com
Printed in the USA
LVHW100530300523
748331LV00030B/252